Nicole V.
fév 04

André et Jacqueline GROBETY

EXERCICES POUR SE CENTRER ET ETRE RAYONNANT

Editions RECTO VERSEAU

CP 12 - 1680 ROMONT (Suisse)

Mise en page : Ney R.L.

ISBN 2-88343-136-1

INTRODUCTION

Respiration

Qui d'entre nous n'a jamais rêvé d'être en permanence rayonnant comme un soleil ? En réalité, le désir latent de faire partie de ces gens dont la seule présence illumine l'instant, sommeille au cœur de chaque être humain. Mais ce que la plupart ignore, c'est que tout rayonnement, toute émanation, toute propagation doit obligatoirement être précédé d'une concentration. A l'image de l'ouvrier qui réunit en un même lieu tous les matériaux nécessaires avant d'entreprendre la construction d'une maison, l'être qui souhaite devenir rayonnant doit commencer par condenser en lui-même les matériaux psychiques et spirituels indispensables à l'élaboration de son propre édifice. D'un point de vue physiologique, c'est la respiration qui représente le mieux ce double mouvement : à l'inspiration correspond le processus de centrage et à l'expiration celui de diffusion, de rayonnement. C'est la raison pour laquelle nous réserverons, dans la partie pratique de cet ouvrage, une large place aux exercices de respiration.

Mais avant de passer à la pratique, nous aimerions revenir sur le sens que l'on doit octroyer à ce travail, car si le savoir qui n'est pas mis en pratique devient vite inutile, la pratique qui n'est pas guidée par la connaissance peut s'avérer dangereuse. Pour qu'elle soit efficace, toute méthode devrait être considérée dans sa globalité, c'est-à-dire commencer par en comprendre le sens puis passer à l'expérience pratique en y introduisant le sens, créant ainsi un tout homogène et cohérent. Pour que cette union puisse s'opérer il est nécessaire de posséder un transmetteur, un pont qui permet de faire passer le sens dans l'expérience pratique, puis par rétroaction que le vécu existentiel puisse intensifier la "lumière" du sens. Dans l'aspect théorique, ce sont les symboles qui jouent le rôle du transmetteur, tandis que dans l'expérience subjective, c'est la conscience qui accomplit la tâche de passeur. Et puisque nous en sommes à la théorie, nous aimerions vous proposer un symbole qui nous permettra d'approfondir la compréhension du sens de notre démarche. Ce symbole est celui du cercle avec un point central ⊙. Signalons au passage qu'en astrologie, ce symbole représente le soleil. Malgré son apparente simplicité, en travaillant sur ce signe nous verrons que nous pouvons en extraire une quintessence porteuse de grandes révélations. En observant ce symbole nous pouvons tirer un premier constat purement géométrique : la multitude de points formant le cercle périphérique se trouvent chacun à égale distance du point central, qui lui est unique. Il existe donc un équilibre parfait, un rapport harmonieux entre le centre et la périphérie; pour preuve du contraire, il suffit de penser à une roue en mouvement dont le moyeu ne serait pas parfaitement centré. Animons maintenant ce symbole; pour cela nous vous invitons à imaginer un grand disque de bois tournant horizontalement sur son axe, puis figurez-vous que vous êtes sur ce disque. Selon le lieu où vous vous situez sur le disque, vous pouvez observer deux lois de la physique fondamentale : la loi de la force centripète qui vous attire vers le centre, ou la loi de la force centrifuge qui vous propulse vers la périphérie et même vous éjecte au delà si vous n'êtes pas attaché au point central. Suite à ces explications, il vous est aisé de comprendre que l'acte de concentration, qui signifie littéralement : avec le centre, ne consiste pas uniquement à se rapprocher du point central; mais qu'en plus il est impératif de se relier à lui, faute de quoi, lorsque vous rentrerez à nouveau, volontairement ou non, dans la loi rayonnante de la force centrifuge (littéralement : fuir le centre) vous serez projeté hors du cercle où il n'existe plus aucun point de repère stable. Les personnes qui vivent cela l'expriment en disant : "Je ne sais plus où j'en suis". Elles sont excentriques, c'est-à-dire hors du centre ou non rattachées à lui, car le point central est le seul qui soit absolument stable et immuable. Pour renforcer cette affirmation, nous vous invitons à réfléchir quelques instants sur l'expression populaire suivante : "Un point c'est tout". De quel point peut-il s'agir, si ce n'est le point central ?

A ce stade, il devient impératif de définir ce point ainsi que ses représentations dans les diverses couches de la création. Dans l'absolu, nous pouvons le nommer l'Esprit Divin; dans notre système astral c'est le soleil qui Le représente ou, si vous préférez, la lumière; enfin dans l'homme ainsi que dans toutes les créatures, c'est le mot "conscience" qui est le plus couramment utilisé pour indiquer la présence de ce Principe unique. A ce sujet, il importe de signaler que de toutes les créatures incarnées, seul l'homme peut prendre connaissance par lui-même de cette présence permanente au cœur de son être. Ce qui a fait dire à un grand sage cette parole magnifique : "A partir du règne humain, Dieu se regarde."

Parlons maintenant de la périphérie. Bien que cela soit difficilement concevable par le mental humain, l'univers lui-même a une circonférence, car tout ce qui est manifesté est limité dans l'espace et dans le temps. Seule le Principe créateur, symbolisé dans notre schéma par le point central, est illimité et infini, c'est la raison pour laquelle la tradition chrétienne le surnomme l'Eternel. Une image vous aidera à mieux comprendre : prenez une montre et observez-la. Vous remarquez que c'est un cercle avec un point central, auquel sont rattachées les aiguilles. Le temps se mesure à la périphérie, tandis qu'au centre, il n'existe pas. Le centre représente donc l'éternité. Par extension, il nous est facile de conclure que l'éternité n'est pas une succession d'instants prolongés à l'infini, mais un état de conscience stable et immuable, car où que vous le situiez dans l'espace, tout le reste gravite autour de lui. Une fois de plus, cette constatation nous montre l'importance de rechercher ce centre pour nous fusionner avec lui, car bien qu'il se situe partout dans l'univers, chacun de nous ne peut y accéder que par l'intérieur de son propre être. Et c'est seulement lorsque nous y sommes parvenu qu'émane de nous le véritable rayonnement, celui de l'amour inconditionnel, un amour lumineux qui nous permet d'unir notre lumière intérieure à celle des autres dans une communion que les moines tibétains nomment la compassion.

Revenons quelques instants à l'image de la montre, afin d'en tirer encore un enseignement au sujet des aiguilles. Elles sont au nombre de trois et chacune d'elles symbolise un phénomène existentiel de l'âme humaine. La plus fine, qui est toujours au dessus et dont le rythme est le plus rapide, représente les pensées, la moyenne les sentiments et la plus large, qui est également la plus lente, représente les actions. Les pensées sont associées à la lumière qui correspond elle-même symboliquement à la couleur violette, les sentiments sont liés à la chaleur et à la couleur verte et enfin les actions sont rattachées à l'énergie (la vie) représentée par la couleur rouge. En terme de physique, le violet possède une courte longueur d'onde, mais une très grand intensité, le vert une longueur d'onde moyenne ainsi qu'une intensité moyenne et le rouge une grande longueur d'onde, mais une faible intensité. L'intensité est synonyme de qualité, alors que la longueur d'onde équivaut à la quantité. Le rayonnement naturel prend donc sa source dans l'intensité lumineuse de la pensée pour se prolonger jusqu'à l'action juste, via des sentiments nobles et chaleureux. Chez l'être humain, c'est le corps physique qui représente la périphérie. Les organes qui le constituent servent de support à l'onde vibratoire du rayonnement. Un individu éminemment rayonnant diffuse la lumière de l'Esprit par la globalité de son être. Cependant, il existe en l'homme trois groupes d'organes qui sont le territoire privilégié de cette triple manifestation : les yeux pour la lumière, la bouche pour la chaleur et les mains pour l'action. Il est donc primordial de travailler à purifier ces diffuseurs. La majorité des exercices proposés dans la partie pratique permettent d'accomplir cette purification intérieure.

Auparavant, nous aimerions vous dire encore quelques mots sur le symbole du cercle avec le point central, afin de renforcer la compréhension du sens de la démarche. Si nous élevons le point central et que nous tirons des droites de ce point en élévation jusque sur la périphérie nous obtenons un cône. Ce cône est l'image stylisée d'une montagne avec une base circulaire dont le centre est une projection du sommet. Symboliquement le centre est donc identique au sommet. Dans ce cas se centrer c'est également s'élever pour atteindre le sommet de son

être. Au sommet il n'y a plus d'obstacle pour la vue, nous voyons tout et nous devenons plus lucide, la clarté s'installe dans notre esprit...
Si nous tirons maintenant un trait entre le sommet et le point central, ce trait devient semblable au nombre 1 et la base représente le nombre 0. Le 1 c'est l'Esprit qui pénètre la matière, le 0, pour l'animer. Le 1, c'est le principe masculin, émissif, créateur, le feu; le 0 le principe féminin, réceptif, formateur, l'eau. Ensemble ils forment un couple et ce couple habite la conscience de chaque être humain qu'il soit homme ou femme. Ainsi, les multiples éléments qui nourrissent notre rayonnement sont autant d'enfants produits par ce couple intérieur. Que ces enfants soient anges ou démons, cela dépend de la nature de nos pensées et de nos sentiments. En effet, notre pensée est semblable à un homme qui dépose un germe dans notre cœur et celui-ci habille ce germe de particules sentimentales pour lui donner un corps. La sagesse est l'idéal de la pensée claire et l'amour est l'idéal du cœur pur. La sagesse, c'est le 1, la verticalisation, la rectitude, la rigueur, le centrage; se centrer c'est donc travailler à devenir sage. La sagesse est un phénomène réducteur, elle peut être contenue tout entière dans un seul point. Alors soyez très attentif dans votre démarche de centrage, parce que toute exagération dans le domaine de la sagesse vous assèche, vous durcit, vous isole et à l'extrême peut même vous faire disparaître.

Il y a deux façons d'éviter ce piège. La première c'est d'être guidé par un maître de sagesse qui connaît parfaitement le chemin. Mais nous entendons déjà la question : "Comment et où trouver un tel maître ?" Nous vous répondrons par le dicton bien connu : "Quand l'élève est prêt, le maître apparaît." Il faut donc avoir l'humilité de se positionner comme un vrai disciple pour voir arriver le bon maître. Car contrairement aux idées reçues, le faux maître n'apparaît pas de lui-même, il est attiré par l'ego du mauvais disciple. Est mauvais disciple celui qui ne veut apprendre que pour servir ses propres intérêts égoïstes et personnels. Si vous choisissez cette voie soyez donc très attentif à la nature de votre "demande", car ce qui viendra la combler sera de la même essence qu'elle. Un dernier avertissement : si vous optez pour ce chemin, ne croyez par avoir choisi la facilité. En effet, sous son air bon enfant, le vrai maître de sagesse est un être exigeant et ferme qui vous laisse cependant toute liberté de quitter son école. Quant à savoir s'il est indispensable d'avoir un maître pour étudier la sagesse, nous répondrons que non, tout en ajoutant ce proverbe arabe afin que chacun puisse choisir librement sa voie : "Le temps et les souffrances seront le maître de ceux qui n'en veulent pas".
La deuxième façon d'éviter le piège de l'extrémisme dans l'étude de la sagesse, c'est de savoir mettre régulièrement des touches d'humour dans votre processus d'apprentissage. Si vous en avez déjà fréquentés, vous avez certaine-

ment constaté que les vrais sages sont pétris d'humour. Un humour qu'ils utilisent toujours à bon escient pour adoucir la rigueur quelquefois excessive, qu'exige le sentier de la sagesse. Pour synthétiser le processus de centrage nous pourrions le résumer dans cette petite phrase : le centrage est une mise au point de la globalité de notre être. Si le processus de centrage demande un apprentissage, un travail, un effort d'ascension, le processus de rayonnement se fait naturellement par lui-même, à condition bien sûr qu'il ait été précédé d'un centrage. Nous ne pouvons pas apprendre à aimer. Aimer est un don que le Créateur a déposé dans l'âme de chaque créature; refuser ce don, c'est mourir spirituellement. L'amour c'est la diffusion, l'épanouissement, la rondeur, la douceur, la propagation; rayonner c'est donc tout simplement être aimant. L'amour est un phénomène expansif, lui seul peut occuper la totalité de l'espace universel. Cependant, il est important de savoir que notre rayonnement d'amour aura systématiquement la teinte, l'odeur, la texture du sujet ou de l'objet sur lequel la sagesse se concentre. Ainsi, aussi puissant soit-il, un rayonnement d'amour qui n'est pas dirigé par la sagesse peut être assimilé à un bateau sans capitaine. Dans ces conditions, il ne pourra pas éviter les icebergs ou les récifs; à l'inverse si le capitaine (la sagesse) se trouve seul à bord, sans les matelots (l'amour) qui alimentent les fourneaux en charbon, le bateau n'avancera pas d'un pouce.

Les deux en un voilà l'idéal, mais comment faire pour obtenir simultanément dans la même action le processus de concentration et le processus de dilatation ? Une fois encore, c'est une image qui va nous donner la réponse; cette image c'est celle d'une toupie en mouvement. Imaginez que vous êtes cette toupie, en vous centrant vous élevez en même temps votre axe vertical pour le mettre entre les mains des anges et ces entités du monde invisible dynamisent votre activité rotative avec leurs doigts de lumière. En imaginant que la couronne de votre toupie soit constituée d'une matière souple comme du tissu (ce qui est d'ailleurs le cas en nous, puisque nos sentiments n'ont pas de consistance matérielle), vous constaterez que lorsque vous aurez atteint une certaine vitesse de rotation, la couronne va s'élever comme la jupe d'une danseuse tournant rapidement sur elle-même. Ce phénomène est porteur d'une grande révélation : avant de nous centrer, de nous élever, de nous redresser, nos sentiments, nos désirs, représentés par la couronne touchant le sol, étaient le plus souvent tournés voire ancrés vers des buts uniquement matériels, tels que la possessivité, la domination, l'égoïsme... Le début du mouvement rotatif nous pousse tout d'abord à nous détacher de ces passions exclusivement terre-à-terre, puis en s'accélérant progressivement, il nous permet de rejeter toutes les scories, toutes les impuretés accumulées par notre stagnation dans le terrain boueux d'une vie purement végétative.

Enfin, une fois dégagé, nous pouvons rayonner comme un soleil, les qualités et les vertus angéliques. Un dernier constat au sujet de la toupie : si vous essayez de l'activer sur une surface irrégulière, pleine de trous et de bosses, vous aurez de grandes difficultés à la faire tourner de façon stable et régulière. Cela signifie que pour entreprendre cette démarche de perfectionnement, vous devez choisir ou créer un environnement favorable, ainsi que des conditions propices à votre développement personnel. Comme pour la toupie un petit espace suffit, mais il faut que dans ce territoire, l'atmosphère, l'ambiance, le cadre correspondent au sens de votre démarche.

Pour terminer cette partie théorique, nous aimerions vous révéler un secret : le chemin vers le centre est également un chemin d'Amour, pas un amour qui rayonne vers l'extérieur, mais un amour qui ne se dit pas, qui ne se montre pas au monde. Un amour intime, inconditionnel, pour la Lumière qui vous habite, alors Elle vous fera la plus grande des révélations, le plus beau des cadeaux : Elle vous permettra de fusionner avec Elle, de ne faire qu'Un avec Elle, et là vous aurez la certitude, vous connaîtrez....

APPLICATIONS PRATIQUES

CONSEILS GENERAUX

On entend souvent dire : "J'aimerais pratiquer, mais je n'ai pas le temps..." Or, lorsque nous débutons, quelques minutes plusieurs fois par jour valent mieux que des périodes trop longues, qui risquent de nous lasser. Malgré notre mode de vie mouvementé, chacun peut sûrement trouver les quelques minutes nécessaires pour se ressourcer.

Le lieu : au début, choisissez un endroit tranquille où vous êtes sûr de ne pas être dérangé. Les toilettes, par exemple, sont un lieu privilégié pour s'accorder quelques instants de répit !

Les positions : il est préférable, pour commencer, de pratiquer allongé ou assis, mais avec de l'entraînement, il devient possible de "lâcher prise" dans n'importe quelle position et surtout dans toutes sortes d'environnements, même dans l'autobus ou le métro.

Comment ? Si vous voulez débuter seul, avec l'aide de ce livre, vous pouvez apprendre par cœur le texte de la

technique choisie, puis vous mettre dans la position adéquate et vous répéter mentalement les phrases pour exécuter l'exercice. Vous pouvez aussi enregistrer au préalable le texte sur une cassette.
Il est toutefois vivement conseillé de participer à des stages donnés par des personnes compétentes, qui vous mettront directement sur la "bonne voie" et vous éviteront des erreurs. En effet, le livre constitue une aide objective, qui peut être un excellent point de départ. Mais pour aller plus au fond des choses, une aide subjective est en principe nécessaire. A vous de choisir les méthodes et les personnes qui vous correspondent le mieux.
Quand ? Certaines pratiques apportent une grande détente, mieux vaut donc les réserver pour la fin de la journée. D'autres sont dynamisantes et sont à leur place le matin, ou avant un événement ou une action. Avec un peu d'expérience, vous sélectionnerez vous-même les pratiques qui vous conviennent le mieux en fonction de l'environnement, l'ambiance et les besoins du moment.
Dans quel état d'esprit ? Ce point est le plus important. Il ne faut pas attendre d'être mal moralement pour se mettre au travail, ce que font tant de gens qui utilisent hélas ces techniques comme des médicaments. Au contraire, lorsque vous débutez, vous devez vous exercer dans les moments où vous vous sentez bien, en accord avec vous-même. Ainsi, tout ce que vous allez acquérir aura un but préventif et servira de réserve en cas de coup

dur. Ce n'est pas pendant l'incendie que les pompiers s'organisent et construisent le circuit d'alimentation d'eau. Ils l'ont fait avant et le jour où le feu se déclare, ils n'ont plus qu'à brancher les tuyaux. Dans notre for intérieur, le processus est identique et c'est pour cette raison que nous disons : "Mieux vaut prévenir que guérir." Un entraînement régulier, pratiqué dans une bonne ambiance, peut nous amener un jour à vivre de manière permanente en harmonie avec nous-même et avec notre environnement et cela quels que soient les coups que le sort nous réserve.

Enfin, il est important de savoir que le potentiel acquis dans notre monde intérieur, nous appartient définitivement, alors que tout ce que nous possédons extérieurement, nous pouvons le perdre. La compréhension de ce fait constitue la meilleure motivation pour s'entraîner et pratiquer des exercices qui nous permettront de rester riches intérieurement, même dans la détresse extérieure.

La respiration

La respiration est l'un des aliments indispensables à la vie. S'il est besoin de s'en convaincre, il suffit de fermer la bouche et de se boucher le nez quelques instants pour ressentir l'obligation d'inspirer à nouveau de l'air afin de continuer à vivre. La respiration a un rôle nutritionnel pour notre corps physique, puisqu'elle alimente en oxygène tous nos organes et chacune des cellules qui les composent. Mais la respiration a d'autres fonctions très souvent ignorées, en particulier celle d'agir sur nos sentiments, notre mental et notre spiritualité et tout le mystère de la vie est contenu dans la respiration. Mais la vie n'est pas dans l'air lui-même, ni dans le fait de respirer. Elle provient de l'élément qui lui est supérieur : le feu, pour qui l'air est une nourriture. En effet, les poumons sont comme le soufflet qui anime continuellement le feu. Lorsqu'un enfant naît, la première chose qu'il doit faire pour devenir un habitant de cette terre, c'est prendre une inspiration. C'est grâce à la première inspiration que les poumons se remplissent d'air, se mettent en mouvement et déclenchent la vie. Et au moment de la mort, on dit de quelqu'un qu'il rend le dernier soupir. Le souffle représente le commencement et la fin. La vie commence par une inspiration et finit par une expiration. La respiration sert au maintien de la vie dans sa totalité et non seulement dans sa partie végétative et physique comme beaucoup le pensent. De plus, nous ne pouvons pas respirer au passé, ni au futur, la respiration est donc un phénomène éminemment présent. Par conséquent, prendre conscience de notre respiration nous aide à vivre dans "l'ici et maintenant".

LES TECHNIQUES DE RESPIRATION

Le nez : à la base du nez se trouve une petite paroi poreuse, la lame criblée de l'ethmoïde, qui est en contact réflexe avec une zone du cerveau. Aussi, lorsque nous respirons par le nez, le mouvement de l'air fait vibrer la lame criblée de l'ethmoïde et provoque un massage bénéfique de cette zone réflexogène. Il se pourrait aussi qu'une petite quantité d'oxygène passe directement dans le cerveau par cette membrane fibreuse. De plus, l'air passant par le nez se tempère et les fibres qui s'y trouvent (poils) filtrent les poussières et autres déchets se trouvant dans l'atmosphère.

Le ventre : c'est le lieu d'une respiration libre et naturelle. Il suffit d'observer un animal au repos (par exemple un chien) ou un bébé. Ils respirent naturellement par le ventre. A l'inspiration, le diaphragme s'abaisse et l'abdomen se gonfle, à l'expiration le diaphragme s'élève et le ventre s'aplatit. Ce mouvement masse tout le système gastro-intestinal, ce qui améliore considérablement la digestion et l'élimination. Il provoque également, et c'est son action la plus bénéfique, un massage du plexus solai-

re qui, ainsi libéré et détendu, fonctionne mieux et permet une meilleure alimentation en énergie vitale de tout l'organisme car, ne l'oublions pas, le plexus solaire est en quelque sorte notre banque d'énergie vitale.
La peau : un sixième de notre respiration se fait directement par la peau. Il convient donc de laisser autant que possible notre peau à l'air libre, surtout lorsque nous pratiquons des activités physiques. Ensuite, et il s'agit en même temps d'une règle d'hygiène, portons dans la mesure du possible des vêtements et des sous-vêtements en fibres naturelles. Les habits en fibres synthétiques empêchent la respiration naturelle de la peau et peuvent provoquer des fermentations qui sont à l'origine de maladies cutanées.
Pour pratiquer les exercices suivants, mettez des vêtements amples et aérez bien le lieu où vous pratiquez. Pratiquez les exercices de respiration à jeun ou bien trois heures après avoir mangé. L'idéal est bien sûr de les faire dans la nature, au grand air.

Exercice I

a) respirez uniquement par le ventre (la poitrine ne doit pas se soulever).
b) comme a), mais vous vous aidez en plaçant la paume de la main droite sur le ventre et le dos de la main gauche dans votre dos à la même hauteur.

c) comme b), en variant le rythme. Respirez d'abord très lentement, puis toujours plus vite. Pratiquez plusieurs fois, puis revenez à votre rythme normal de respiration.
d) comme c), mais sans l'aide des mains.

Exercice 2 : respiration totale

Commencez par un gros soupir pour vider totalement vos poumons.
Videz les épaules, le thorax, puis le ventre.
Ensuite vous inspirez en remplissant d'abord le ventre, puis le thorax, puis les épaules.
Vous gardez pendant 5 à 10 secondes l'air en rétention, poumons pleins, et vous expirez lentement par le nez en vidant l'air de haut en bas, épaules, thorax et enfin ventre.
Vous pouvez pratiquer la respiration totale aussi souvent que vous le voulez car elle permet une excellente oxygénation de tout l'organisme et plus particulièrement du cerveau. Mais n'exagérez pas à cause des fortes variations de pression que peut provoquer cet exercice.

Exercice 3

Vous videz d'abord totalement vos poumons par une expiration (soupir), puis vous remplissez uniquement le ventre.

Puis, en rétention, faites passer l'air du ventre dans les poumons et des poumons dans le ventre, et ainsi de suite. Lorsque vous ressentez une légère fatigue, amenez l'air une dernière fois dans le ventre et expirez par le nez. Cet exercice est très bon pour assouplir le diaphragme.

Exercice 4

Vous videz totalement vos poumons (soupir), puis vous restez en rétention, poumons et ventre vides. Sortez et rentrez le ventre.
Lorsque vous ne pouvez plus continuer, inspirez et récupérez jusqu'à ce que votre respiration redevienne normale.
Attention ! Cet exercice fait monter fortement la pression sanguine. Il se pratique régulièrement mais sans abus.

Exercice 5

Commencez par respirer profondément et régulièrement par le ventre, puis augmentez progressivement le rythme, comme une locomotive à vapeur qui démarre, jusqu'à respirer le plus rapidement possible.
Lorsque vous ressentez un point ou une légère sensation de douleur au niveau des reins, retournez à votre respiration normale.
Cet exercice est difficile, mais entraînez-vous souvent à le

pratiquer car il est très bénéfique. En effet, le mouvement rapide du ventre crée un massage sur les capsules surrénales situées comme leur nom l'indique juste au-dessus des reins. Ce sont elles qui contiennent l'adrénaline et les pressions répétées par le mouvement provoquent une décharge naturelle, qui devient contrôlée avec l'entraînement, d'adrénaline dans le sang. Cet exercice constitue donc un moyen simple et naturel pour créer le tonus nécessaire pour être dynamique dans l'action.
Ce dynamisme provoqué de manière naturelle permet en outre de gérer le stress négatif, ce qui n'est pas le cas quand le tonus est apporté par des produits excitants tels que le café par exemple.
Cet exercice étant très dynamisant, vous devez donc éviter de le pratiquer le soir avant d'aller vous coucher.

Tous les exercices de respiration ci-dessus peuvent se pratiquer couché, assis ou debout. Leur action est bénéfique, elle permet d'augmenter la concentration et la mémoire. Ils créent un massage naturel du cœur et favorisent les fonctions des organes internes.
La respiration joue également un rôle important dans notre monde subtil. Elle est le lien, le trait d'union entre le haut (Esprit) et le bas (corps). La circulation va bien sûr dans les deux sens, donc également entre le bas et le haut. L'inspiration, qui doit se faire principalement par le nez, sert à capter les éléments à l'état éthérique, pour

ensuite les diffuser dans tout notre être par une expiration nasale lente et progressive. C'est une méthode de recharge, elle nous permet d'incorporer les valeurs positives que nous désirons développer en nous. Pour se dégager d'éléments négatifs l'expiration doit s'effectuer par la bouche sous la forme d'un soupir. Dans ce cas, c'est une méthode de décharge. Les exercices qui suivent ont donc un but plus psychologique et spirituel que physique.

Exercice 6

Debout, les pieds en écart naturel, les genoux et les chevilles légèrement fléchis vers l'avant, prenez conscience de votre stabilité dans la posture et de votre ancrage.
a) En inspirant par votre nez (dans ce exercice l'inspiration et l'expiration doivent se faire par le bas ventre au niveau du hara), amenez vos mains au-dessus de votre tête, paumes tournées vers le haut. Puis expirez lentement, toujours par votre nez, en tendant les bras comme si vous vouliez pousser le ciel. Gardez les bras tendus jusqu'à la fin de votre expiration, puis rabaissez vos mains jusque sur votre tête en inspirant et recommencez le mouvement 4 fois de suite. A la fin, expirez profondément comme si vous vouliez poser dans votre ventre la force du souffle, tout en descendant lentement vos mains jusqu'à ce que vos bras se retrouvent le long du corps. Vous pouvez enchaîner plusieurs séries de ce mouvement

respiratoire ou le combiner avec les exercices suivants b) et c).

b) Dans la même posture, inspirez en amenant vos mains au niveau de votre thorax. Expirez lentement en tendant vos bras latéralement de chaque côté de votre corps, comme si vous vouliez repousser quelque chose. Les paumes de vos mains doivent être tournées vers l'extérieur, doigts pointés vers le haut. Gardez les bras tendus jusqu'à la fin de votre expiration, puis ramenez vos mains devant votre thorax en inspirant et recommencez le mouvement 4 fois. La fin de l'exercice est identique à la fin de l'exercice a).

c) Toujours dans la même posture, inspirez en amenant vos mains au niveau de votre plexus solaire (situé entre le thorax et le ventre). Puis expirez en tendant les bras vers le bas, comme si vous vouliez repousser vers le sol quelque chose qui cherche à s'élever. Les paumes de vos mains doivent être orientées vers le bas, doigts pointés vers l'avant. Gardez les bras tendus jusqu'à la fin de votre expiration, puis ramenez vos mains au niveau de votre plexus solaire en inspirant et recommencez le mouvement 4 fois. La fin de l'exercice est identique à la fin des exercices a) et b).

Ces exercices stimulent et intensifient puissamment votre énergie vitale, le "ki" comme l'appellent les orientaux. En les pratiquant régulièrement vous augmenterez fortement votre potentiel énergétique, ainsi que votre magnétisme. Les personnes qui pratiquent les soins énergétiques peuvent faire ces exercices pour se préparer avant un traitement, mais également après celui-ci pour retrouver leur tonus et se recentrer.

Exercice 7

Vous bouchez la narine gauche et vous aspirez l'air par la narine droite en pensant que vous faites pénétrer en vous une qualité ou une vertu que vous désirez acquérir (amour, sagesse, bonté, etc.).
Vous retenez votre souffle pendant 10 secondes. Durant la rétention, imaginez que la vertu que vous avez inspirée est pulsée dans tout votre être.
Vous bouchez la narine droite et vous expirez par la narine gauche en pensant que vous diffusez dans tout l'univers la qualité ou la vertu que vous avez inspirée au préalable. Vous répétez l'exercice trois fois pour chaque narine en conservant la même vertu ou qualité.

Chacune de nos narines est reliée à un organe précis : la narine gauche avec le plexus solaire, alors que la narine droite est reliée plus particulièrement au cerveau. A ce sujet, il faut savoir que notre cerveau est en relation directe et constante avec notre plexus solaire et c'est lui qui fournit l'énergie nécessaire au bon fonctionnement cérébral. Ainsi, lors de tensions psychologiques, nous devons tout d'abord détendre la zone abdominale afin de libérer notre plexus solaire qui nourrit notre cerveau en énergie vitale. Tous les exercices de respiration qui vous ont été proposés vous permettent de prendre conscience des tensions inutiles de la partie abdominale (estomac noué) et surtout de la relâcher, de la détendre.

Revenons maintenant aux deux narines. Si nous parlons en termes de phases (électrique / magnétique), la narine droite est plutôt de nature électrique, alors que la narine gauche est de nature magnétique; c'est-à-dire que nous avons une consonance masculine pour la narine droite et une consonance féminine pour la narine gauche. La respiration alternée proposée dans l'exercice précédant (n° 7) permet d'harmoniser et d'équilibrer ces deux courants en nous-même. Grâce à l'interrelation permanente existant entre la respiration et la conscience, la respiration alternée est aussi un excellent support pour retrouver l'androgynie originelle de la conscience. Exprimé symboliquement, nous pourrions dire que l'androgynie, c'est concilier le feu et l'eau dans notre for intérieur. Car si le feu est trop puissant il évapore l'eau. A l'inverse, s'il y a trop d'eau le feu est éteint. Dans les deux cas, il y a déséquilibre et risque de "chute". Le secret d'une vie harmonieuse consiste donc à savoir, dans chaque situation, coordonner le feu (principe masculin, émissif) et l'eau (principe féminin, réceptif).

Exercice 8 : La purification par le souffle

Cette pratique est très efficace pour se "laver" intérieurement. Il faut juste éviter d'expirer nos tensions n'importe où. Pour cela, je vous invite à choisir un des quatre éléments : vous pouvez confier vos tensions résiduelles à la terre qui les engloutit; ou imaginer qu'elles sont diluées par l'eau, dissoutes, lavées par elle; vous pouvez également diffuser vos tensions dans l'air, qui les purifie; ou encore imaginez que vous mettez toutes vos tensions dans le feu, ce qui provoque une transformation directe dans votre conscience, car les tensions inutiles sont comparables à de vieilles branches noires, tordues, et lorsque vous brûlez ces branches, cela produit des flammes magnifiques qui donnent lumière et chaleur.

Je m'assieds ou je me couche et je cherche la position la plus confortable possible. Lorsque je l'ai trouvée, je ferme les yeux et je porte mon attention sur ma respiration qui est calme, régulière et se fait par mon ventre. Puis je dirige mon attention sur ma tête, mon visage, mon cerveau et à chaque expiration (soupir) je pense, j'imagine que je mets hors de moi toutes les tensions inutiles de cette partie de mon corps... Lorsque j'ai terminé avec la tête, je fais de même pour les autres parties de mon corps : le cou et la nuque..., les épaules, les bras et les mains..., le thorax..., le ventre..., le dos..., toute ma sphère génitale interne et externe..., les fesses, les jambes et les pieds... Pour finir ce "nettoyage" complet, j'imagine que je sors de moi les tensions résiduelles qui pourraient encore se trouver dans tout mon corps.

A la fin de cet exercice, si vous le pratiquez correctement, vous serez en état de détente. Pour ressortir de cet état, il est impératif d'opérer un retour progressif à la réalité objective, faute de quoi les sensations agréables obtenues par la relaxation risquent de se transformer en un sentiment déplaisant de décalage, semblable à celui que l'on peut ressentir après un long voyage en avion à travers les fuseaux horaires. Ce retour, nous l'appellerons : **la reprise**. Il est indispensable de la faire à la fin de chaque pratique détendante. Voici son descriptif :

En gardant mes yeux fermés, je me situe mentalement ici et maintenant, je pense au jour que l'on est, au moment de cette journée, est-ce le matin, l'après-midi ou le soir ? Toujours les yeux fermés, j'imagine le lieu où je me trouve, ma situation dans cette pièce, j'imagine le plafond, les murs, les meubles. Et c'est seulement lorsque je suis mentalement totalement au présent que je peux reprendre contact avec mon corps. Je bouge mes pieds, mes doigts, mes mains, je serre les poings, je fais quelques grimaces en m'étirant fortement comme après une nuit de sommeil, je respire profondément et lorsque j'en aurai envie, je pourrai ouvrir mes yeux avec un sourire sur la vie.

Si à la fin des exercices vous êtes assis ou couché, il est conseillé de rester encore quelques instants dans cette position avant de vous lever et de reprendre vos activités.

Petits conseils pratiques : Les textes des méthodes (en italique) peuvent être appris par cœur ou enregistrés. Lorsque vous avez compris le sens général de la pratique, vous pouvez également utiliser votre propre logos ("logos" vient du grec et signifie "la parole"; ce terme désigne le lien verbal comportant la signification des mots et leur harmonie sonore). De plus, en ayant recours à votre propre vocabulaire, vous développerez votre créativité. Toutefois, dans tous les cas, nous vous invitons à utiliser le "je", parce que l'utilisation du "je" vous permet de manière subjective et individuelle de mieux sentir et comprendre que l'évolution des choses se fait à travers vous-même et non en dehors de vous. Dans cette situation, vous n'êtes pas uniquement le spectateur des événements, mais vous en devenez simultanément l'acteur. Ainsi, vous participez pleinement, vous vivez totalement les sensations des phénomènes provoqués par les exercices que vous pratiquez.
Une pratique complète comporte toujours trois phases :

1) **L'induction** permet d'atteindre l'état de détente; elle peut être perçue comme une ouverture vers le centre, un accès à notre monde intérieur. 2) **L'activation** sert à ancrer dans notre monde intérieur les éléments positifs formés par nos pensées et notre imagination. 3) **La reprise** est un retour à la réalité objective (déjà en décrite page 28 et 29).

RELAXATION DE BASE

Je cherche la position la plus confortable possible et, lorsque je l'ai trouvée, je ferme mes yeux. J'oublie le monde extérieur et je tourne mon regard vers l'intérieur, puis je porte mon attention sur ma respiration qui est calme, régulière et se fait par mon ventre. Je relâche mon front qui devient lisse, mes yeux qui sont fermés sans crispation. Je relâche mon nez, mes narines, mes lèvres, mon menton qui est moins volontaire. Je relâche mes joues et je détends complètement les muscles de mes mâchoires, je laisse mes dents se desserrer et ma bouche s'entrouvrir, c'est comme un sourire lumineux qui éclaire l'intérieur de mon visage. Ce sourire, je le fais descendre dans mon cou et ma nuque que je relâche totalement. Je laisse aller mes épaules, mes bras, mes avant-bras, mes mains, mes doigts. J'abandonne mon dos, tous les muscles de mon dos. Je relâche ma poitrine et les organes à l'intérieur de ma poitrine, mon coeur qui bat calmement, régulièrement. Mes poumons, mes bronches s'ouvrent à la respiration. Puis je dénoue toutes les tensions qui pourraient subsister dans mon ventre. Plus particulièrement mes vaisseaux sanguins, mon système digestif et tous mes organes internes jusqu'au plus profond de mon bassin. Je relâche mes fesses et ma sphère génitale. Je laisse totalement aller mes cuisses, mes genoux, mes mollets, mes pieds, jusqu'au bout de mes pieds. Tout mon corps est relâché, détendu. Je relâche maintenant mon cerveau qui est comme un muscle, mon cerveau est bien détendu. Je me laisse totalement recouvrir par cette agréable couverture de relaxation. Je suis calme. Je suis parfaitement calme.

Après l'activation de votre choix, n'oubliez pas de pratiquer la reprise pour ressortir de l'état de détente.

LE TRAINING AUTOGENE

Au début du siècle, le docteur Schultz, psychothérapeute allemand, utilisait l'hypnose comme moyen thérapeutique. Au retour de l'expérience, il questionnait ses patients au sujet des sensations physiques qu'ils avaient vécues dans cet état de conscience modifié. La plupart parlaient de lourdeur dans les membres, puis du corps tout entier. Cette lourdeur était souvent suivie d'une sensation de chaleur intense. D'autres parlaient d'un ressenti plus intense de la respiration et des battements du cœur, ainsi que d'une forte sensation de chaleur au niveau du ventre. Schultz eut alors l'idée géniale d'inverser le processus.

Au lieu d'hypnotiser, action pendant laquelle les patients restaient passifs, il leur demanda de ressentir l'une après l'autre les sensations corporelles qu'ils avaient eues en état hypnotique. Les patients devenaient actifs et participaient totalement pour obtenir ces états profonds de relaxation qui permettent, par des suggestions, d'améliorer un comportement ou de guérir des maladies psychiques. Cette méthode présentée en 1932 reste l'un des meilleurs moyens d'accès à l'état de détente.

Ici vous est proposée non pas la technique pure du training autogène, mais une version modifiée par le docteur Abrezol, qui a ajouté quelques images symboliques. Ces images rendent encore plus efficace une technique déjà très performante. Au début, il est préférable de pratiquer couché, mais avec un peu d'entraînement vous pourrez, si vous le désirez, pratiquer assis.

Je cherche la position la plus confortable possible, j'ai tout mon temps pour cela et, lorsque je l'ai trouvée, je ferme mes yeux. Je prends conscience des points de contact de mon corps avec le matelas, j'en fais une rapide énumération de ma tête jusqu'à mes pieds. Sans la modifier, je porte mon attention sur ma respiration, qui se fait calmement par mon ventre. Une sensation de lourdeur gagne mon bras dominant, mon bras dominant est lourd, très lourd, tellement lourd que j'ai la sensation qu'il s'enfonce dans le matelas. Cette lourdeur gagne mon autre bras, mon autre bras est lourd, très lourd, tellement lourd que j'ai la sensation qu'il s'enfonce dans le matelas. Cette sensation de lourdeur gagne ma jambe dominante, qui devient lourde. Ma jambe dominante est lourde, très lourde, tellement lourde que j'ai la sensation qu'elle s'enfonce dans le matelas. Je ressens comme une différence de niveau entre mes deux jambes. Pour rétablir l'équilibre, mon autre jambe devient lourde. Mon autre jambe est lourde, très lourde et mes deux jambes sont à nouveau au même niveau. Puis cette lourdeur gagne tout mon corps, sauf ma tête qui reste légère. Tout mon corps est lourd, très lourd, comme fortement attiré par le centre de la terre. Et pendant quelques instants, je porte mon attention sur un objet qui représente pour moi la lourdeur (par exemple un éléphant, une grosse pierre ou autre chose)... Mon bras dominant devient chaud, agréablement chaud, réchauffé par les rayons du soleil. Chaleur pénétrante, agréable. Mon bras dominant est chaud, agréablement chaud. Cette sensation se transmet à mon autre bras qui devient chaud, agréablement chaud. Chaleur pénétrante, agréable. Puis ce sont mes deux jambes qui deviennent chaudes, agréablement chaudes, réchauffées par les rayons du soleil, mes deux jambes sont chaudes, agréablement chaudes. Chaleur agréable, pénétrante. Tout mon corps devient chaud, sauf ma tête qui reste à l'ombre. Tout mon corps est chaud, réchauffé par les rayons du soleil. Chaleur pénétrante, agréable. Et pendant quelques instants, je porte mon attention vers ce soleil qui réchauffe agréablement mon corps... Il y a quelque chose qui respire en moi. Je sens l'air qui rentre dans mon corps. J'ai la sensation que tout mon corps respire, que je deviens peu à peu ma propre respiration, que je suis toute respiration. Et je suis un bateau sur la mer calme, qui vogue au rythme de ma respiration, calme, régulière... Mon cœur bat calmement, régulière-

ment. Il bat avec mon corps. Ils battent ensemble au rythme de la vie. Et je sens mon cœur qui bat dans tout mon corps. Je me sens comme un être rythmique... Mon plexus solaire est chaud et il diffuse sa chaleur dans tout mon ventre. C'est comme s'il y avait un petit soleil dans mon ventre, qui rayonne et qui réchauffe agréablement tout l'intérieur de mon ventre. Et je vois un magnifique feu de camp qui diffuse sa chaleur et qui réchauffe agréablement mon ventre. Mon front est frais. Mon front est agréablement frais. Un petit vent balaie mon front qui est agréablement frais.

Activation de votre choix, puis reprise.

Toutes les sensations non ordinaires, telles que fourmillements, sensation d'être asymétrique, léger, au-dessus du matelas ou au contraire d'être très lourd, de ne plus pouvoir bouger, vous signalent que vous êtes profondément détendu. Cette méthode est très relaxante et doit être pratiquée de préférence en fin de journée. Elle peut également aider à trouver le sommeil. S'endormir en état de relaxation permet, dans un temps très court, une récupération physiologique considérable.

TENSION MUSCULAIRE, RELACHEMENT

Vers le milieu du siècle, le docteur Edmund Jacobson démontra que la nervosité, l'émotion, la pensée, l'imaginaire et en un mot tous les processus mentaux s'accompagnent d'expressions neuromusculaires. Il observa d'autre part que la relaxation neuromusculaire, qui se traduit notamment par l'absence de toute contraction musculaire des zones oculaire et phonatoire (langue, bouche, mâchoires) induit, en retour, un calme psychique absolu. Lorsque nous désirons observer un objet minuscule, nous utilisons un microscope afin de le grossir pour mieux le voir, l'analyser, le comprendre. Jacobson eut l'excellente idée d'appliquer le même principe pour mettre au point sa technique de relaxation. Pour pouvoir nous détendre totalement, nous devons d'abord relâcher nos tensions musculaires, cela tout le monde l'admet. Mais comment localiser et prendre conscience de ces tensions inscrites dans notre corps ? Jacobson répond : comme le microscope grossit, nous devons amplifier, augmenter nos tensions musculaires par une contraction exagérée, afin de mieux localiser, mais surtout de mieux sentir les tensions corporelles et par là même de les diminuer, puis de les éliminer. Voici la description de cette technique, que vous pouvez pratiquer dans toutes les positions. Selon l'environnement, vous pouvez même pratiquer cette méthode les yeux ouverts. Cependant, lorsque vous vous entraînez, fermez les yeux, cela augmentera votre vécu intérieur.

Je ferme mes yeux et je porte mon attention vers ma respiration. J'essaye de situer ma respiration, puis progressivement je l'amène dans mon ventre. Je prends conscience de ma présence corporelle, tel que je suis ici et maintenant. Je désire devenir plus conscient des différentes parties de mon corps, ainsi que des tensions inutiles inscrites dans mon corps, pour mieux les sortir de moi, les éliminer. Pour cela, je commence par contracter tous les muscles de mon visage et de ma tête en faisant une grimace. Plus fort, encore plus fort, et je relâche. Je prends conscience de la présence, de la forme de ma tête et de mon visage relâché, détendu, libre.
Puis je désire devenir plus conscient de mes membres supérieurs. Pour cela, je serre mes poings et je tends mes bras devant moi aussi fortement que possible. Plus fort, encore plus fort, et je relâche. Je prends conscience de la présence, de la forme de mes épaules, de mes bras, de mes mains relâchés, détendus, libres.

Puis je désire devenir plus conscient de ma poitrine et des organes à l'intérieur de ma poitrine, mon cœur, mes poumons. Je croise mes bras sur mon thorax en contractant le plus fortement possible ma poitrine. Plus fort, encore un peu, et je relâche. Je prends conscience de ma poitrine, et des organes à l'intérieur de ma poitrine, relâchés, détendus, libres de toutes tensions inutiles.
Je désire maintenant devenir plus conscient de mon ventre et des organes à l'intérieur de mon ventre. Pour cela, je mets mes mains de chaque côté de mes abdominaux et je contracte fortement mon ventre, l'intérieur de mon ventre, ma sphère génitale et je serre mes fesses. Plus fort, encore un peu, et je relâche. Je vis bien ma sphère génitale détendue, l'intérieur de mon ventre où les fonctions se font librement. Je prends totalement conscience de cette partie de mon corps relâchée, libre de toutes tensions inutiles.
Puis je désire devenir plus conscient de ma colonne vertébrale et de mon dos. Pour cela, je mets mes mains derrière ma tête, je fléchis légèrement le buste vers l'avant et en me retenant dans cette position avec mes mains, je pousse avec le haut de mon corps comme si je voulais me redresser en contractant tous les muscles de mon dos. Encore un peu, encore plus fort, et je relâche. Je prends totalement conscience de mon dos et de ma colonne vertébrale relâchés, détendus. Je vis bien la pré-

sence de mon dos et de ma colonne vertébrale libres de toutes tensions inutiles.
Puis je désire devenir plus conscient de la partie inférieur de mon corps. Pour cela, je tends mes jambes en contractant le plus fortement possible tous les muscles de mes jambes. Encore plus fort, encore un peu, et je relâche. Je vis bien la présence de mes jambes relâchées, détendues, Je prends conscience de la forme de mes jambes relâchées, détendues, libres.
Pour finir, je désire devenir plus conscient de mon corps dans sa totalité et éliminer toutes les tensions résiduelles qui pourraient subsister dans mon corps. Pour cela, je contracte tous les muscles de mon corps. Je fais une grimace, je tends mes bras, mes jambes, je serre mes fesses et je contracte mon dos, ma poitrine, mon ventre. Plus fort, encore un peu, et je relâche. Je vis bien la présence de mon corps relâché, détendu, libre. Je vis bien l'énergie qui circule librement en moi, me traverse sans barrage et s'étend dans les deux directions vers l'infini. Je sens la paix et l'harmonie habiter en moi.

Cette technique est très appréciable car elle nous permet de vivre et de développer notre schéma corporel, ainsi que notre phénomène existentiel ici et maintenant au présent.
Le schéma corporel, c'est l'image de notre corps représenté dans notre cerveau. En le développant, chacun

apprend à mieux se connaître intérieurement, améliore sa sensibilité et surtout devient peu à peu capable de gérer ses émotions, tout en les vivant pleinement. Pour terminer, nous dirons que cette technique permet également de prendre conscience de notre corps énergétique. Pour augmenter les effets de cette pratique, il est possible, après chaque tension-relâchement, d'adjoindre le huitième exercice de respiration (à l'expiration je pense, j'imagine que je mets hors de moi toutes les tensions inutiles de cette partie de mon corps). Ainsi complétée, cette méthode est la préparation idéale pour certaines pratiques d'activation telles que : "Nettoyage mental" ou "Voyage dans le soleil". N'oubliez par la reprise à la fin de chaque pratique.

QUELQUES EXERCICES DE RELAXATION DYNAMIQUE

Ces exercices se pratiquent debout. Pour vous entraîner, vous pouvez pratiquer la méthode dans son intégralité, mais selon votre envie et le temps dont vous disposez, il vous est aussi possible d'utiliser les exercices séparément. Ces exercices tonifient le corps et vous permettent également de mieux vivre votre schéma corporel. Les effets sont dynamisants, il est donc préférable de les pratiquer le matin ou juste avant une action physique ou intellectuelle, car ils alimentent fortement le cerveau en oxygène, offrant ainsi une plus grande lucidité. Ils peuvent cependant être utilisés le soir pour rester éveillé si cela est nécessaire.

Je me mets debout, dans la position orthostatique, position de l'homme sain, pieds sur la terre, tête vers le ciel. Et lorsque j'ai trouvé ma position, je ferme mes yeux. Je commence par relâcher mon corps debout. Je relâche mon visage, tous les muscles de mon visage, qui devient serein, souriant, détendu. Je laisse aller mes épaules,

mes bras, mes avant-bras, mes mains, mes doigts. Je respire par mon ventre calmement. Je m'installe confortablement dans mon corps debout.
Puis je visualise le premier exercice avant de le pratiquer : je commence par vider totalement mes poumons, puis j'inspire (ventre, thorax, épaules) et, en gardant mes poumons pleins, j'amène mes mains au niveau de mon visage, je pince mon nez avec mes pouces, je balance mon buste en avant de gauche à droite et de droite à gauche.
Et quand je ne peux plus retenir l'air, j'expulse violemment par mon nez en relâchant mes pouces. Je reste quelques instants tête en bas, puis j'inspire et me redresse lentement. Je peux pratiquer librement cet exercice...
Puis je fais des mouvements à gauche et à droite avec ma tête comme pour dire non. Pendant que je fais ce mouvement j'imagine qu'il y a plus de sang qui afflue vers mon cerveau, qui ainsi mieux nourri pourra mieux exécuter les choses que je lui demanderai par la suite.
J'arrête le mouvement et je vis bien ma tête, mon cerveau détendu, calme, réceptif. Et pour mieux vivre la partie supérieure de mon corps, je visualise l'exercice suivant avant de le pratiquer.
Je commence par vider totalement mes poumons, puis j'inspire (ventre, thorax, épaules). En gardant mes pou-

mons pleins, je serre mes poings et je pompe énergiquement avec mes épaules. Lorsque je ne peux plus retenir l'air, j'expulse violemment l'air par mon nez en relâchant mes bras le long du corps. Je peux maintenant pratiquer cet exercice...
Je vis bien la partie supérieure de mon corps. Toutes les sensations qui me parviennent de mes bras, de mes épaules, de mes omoplates, de mon thorax sont les bienvenues. J'intègre tout cela dans mon schéma corporel. J'apprends à mieux me vivre, à mieux m'intégrer.
Puis je désire devenir plus conscient de la partie inférieure de mon corps. Pour cela, je visualise l'exercice suivant avant de le pratiquer. Il consiste à vider totalement mes poumons. Ensuite j'inspire (ventre, thorax, épaules). Lorsque mes poumons sont totalement pleins, je saute sur place comme un polichinelle, les bras et le haut du corps totalement libres. Et quand je ne peux plus retenir l'air, j'expulse l'air par mon nez en arrêtant de sauter. Je peux pratiquer maintenant cet exercice comme je l'ai visualisé...
Je prends totalement conscience de mon corps détendu, relâché, de la présence de ce corps, qui est relâché mais en même temps dynamisé par l'apport d'oxygène, par un afflux sanguin meilleur dans mon cerveau et dans mes muscles. Je me vis totalement, plus pleinement. Et je me prépare maintenant à créer en moi une décharge de thyroxine. (La thyroxine est cette hormone contenue

dans la thyroïde et qui va augmenter mon énergie physique.) Pour cela, je pratique l'exercice suivant : je contracte la glande thyroïde en contractant ma gorge comme si je voulais prononcer la lettre i sans serrer mes dents ; je fais cela une dizaine de fois...
Je vis pendant quelques instants les réactions provoquées par cet exercice. Je vis cette libération de thyroxine en moi, je me sens plus fort, je suis plus fort...
Puis pour compléter cela, je vais créer une décharge d'adrénaline par l'exercice suivant : progressivement je respire par mon ventre, toujours plus rapidement, comme une locomotive à vapeur qui démarre, jusqu'à ce que je ressente une sorte de point à l'intérieur de mon ventre. Lorsqu'il en est ainsi, cela veut dire que la décharge d'adrénaline est faite...
Je vis bien mon corps, je vis bien les sensations provoquées par cet exercice. Je me sens totalement présent, en pleine possession de mes moyens, je me sens fort, je me sens puissant, mais en même temps je me sens capable de dominer, de gérer cette force et cette puissance par l'équilibre, par l'harmonie. Je sens l'unité en moi...
Je me prépare à faire l'exercice suivant, je le visualise avant de le pratiquer : je vide totalement mes poumons, puis j'inspire (ventre, thorax, épaules). En gardant mes poumons pleins, je serre mes poings, je fais l'arc vers l'arrière et contracte, dans cette position, tous les

muscles de mon corps aussi fort que possible. Et lorsque je ne peux plus retenir l'air, j'expulse violemment l'air par mon nez en relâchant tous les muscles de mon corps. Je peux maintenant pratiquer cet exercice...
Je vis bien mon corps, je vis sa présence, je vis sa tonicité, je le vis d'une manière dynamique, prêt à l'action. Je me prépare à l'exercice suivant que je visualise avant de le pratiquer. Il consiste à vider mes poumons. Je joins mes mains et je tends mes bras au-dessus de ma tête, la paume des mains vers le ciel comme pour capter l'énergie cosmique. En même temps je contracte tous les muscles de mon corps comme si je devais retenir une lourde charge. Et lorsque je ne peux plus retenir l'air, j'expire violemment par mon nez en relâchant tout mon corps. Je peux maintenant pratiquer cet exercice...
Je vis bien mon corps dynamisé, tonique, prêt à l'action. Je me vis comme une unité, je suis réuni en moi-même, je me sens bien, puissant, mais en même temps harmonieux, équilibré. Puis je me prépare à pratiquer le dernier exercice, que je visualise avant de le pratiquer. Je me penche en avant en expirant, puis je me redresse en inspirant (ventre, thorax, épaules). En gardant mes poumons pleins, je fais avec mon buste trois tours aussi larges que possible en laissant ma tête et mon cou totalement libres. Et après ces trois tours, je me penche à nouveau en avant en expirant. Je reste quelques instants la tête en bas, jusqu'à ce que le sang afflue dans

mon cerveau. Je peux pratiquer librement cet exercice... Je vis bien mon corps, d'une manière tonique, d'une manière dynamique, je sens la vie en moi, l'énergie en moi. Je suis un être libre, je suis un être responsable, prêt à utiliser tout son potentiel pour la réussite. Pendant quelques instants, j'observe un silence méditatif sur mon unité...
Puis je me prépare à ressortir de l'état dans lequel je suis actuellement pour affronter positivement mon événement ou mon action.

Reprise.

Pendant que vous pratiquez, la phase la plus importante n'est pas l'exercice lui-même, mais la récupération. Donnez-vous le temps entre chaque exercice de bien vivre, de bien capter les phénomènes, les sensations intérieures qu'il a provoqués. Vous pouvez intercaler entre chaque exercice des suggestions positives concernant l'événement ou l'action qui va suivre.

PROJECTION DE LA CONSCIENCE VERS UN OBJECTIF OU UN IDEAL

Par une suite d'exercices dynamiques vous allez volontairement dissocier la conscience cérébrale (ou conscience spirituelle) de la conscience corporelle. Ainsi dégagée du poids de la matérialité, la conscience cérébrale peut être projetée vers un objectif ou un idéal que vous désirez réaliser. Cette dissociation volontaire permet à la conscience cérébrale, qui est très fine et extrêmement sensible, d'envelopper, puis de pénétrer et enfin de s'identifier à l'objectif. Lors du dernier exercice de cette pratique, la conscience cérébrale, imprégnée de l'objectif, va être "rapatriée" et intégrée à la conscience corporelle. A partir de ce moment-là, tout notre être sera mobilisé, de façon consciente ou subconsciente, pour réunir les éléments nécessaires à la réalisation concrète de notre objectif.

En position debout, je prends conscience du poids de mon corps sous la plante de mes pieds. Je ferme mes yeux et j'effectue une détente de base coulante... Je véri-

fie ma détente : calme dans mon corps, confiance dans mon cœur, lucidité dans ma tête... Je laisse alors venir sur mon écran mental la représentation de mon objectif... Cet objectif je vais le maintenir présent dans le champ de ma conscience tout au long de ma pratique... Je passe au premier exercice qui consiste, à l'inspiration, à ramener mes mains, qui sont à la hauteur de mes épaules, vers ma poitrine, comme si je voulais compresser un gros ballon sur ma poitrine... Puis, lorsque j'arrive vers mon corps, j'expire en touchant mon corps avec mes mains jusqu'à ce que mes bras soient à nouveau le long de mon corps, détendus... Je recommence cet exercice trois fois... Je perçois mieux mon objectif, j'en fais le tour, je le sens devenir toujours plus présent dans le champ de ma conscience...

Je passe à l'exercice suivant, l'exercice de l'éventail : J'inspire en levant mes bras devant moi jusqu'au niveau de mes épaules, paumes des mains tournées vers le ciel, et en ramenant mes mains vers mes épaules, je fais des mouvements d'éventail avec mes poignets... A l'expiration, je touche mon corps, des épaules jusqu'à la taille... Je fais cela trois fois les paumes ouvertes et trois fois les poings fermés, toujours en maintenant mon objectif dans le champ de ma conscience...

L'exercice terminé, je porte ma conscience vers l'objectif dont je fais le tour, j'arrive à mieux le définir, j'en

perçois la forme, j'en ressens la présence comme une réalité...
Puis je respire lentement et profondément par mon ventre, l'objectif toujours présent dans mon champ de conscience. Ensuite j'accélère ma respiration abdominale jusqu'à ce qu'elle soit très rapide, puis progressivement je respire à nouveau lentement, très lentement...puis je respire normalement, naturellement...
Avec ma conscience dégagée je retourne vers l'objectif...
J'en perçois la densité, la réalité, j'en fais le tour et peu à peu je peux même pénétrer mon objectif...
Je fais ensuite des mouvements axiaux en pivotant autour de ma colonne vertébrale, la tête et les bras suivant librement le mouvement, respiration libre...
Toujours avec la présence de mon objectif dans le champ de ma conscience, il n'y a rien d'autre que mon objectif... Je fais ces mouvement axiaux assez longtemps (au moins une minute et demie).
Lorsque j'ai terminé, je retourne à mon objectif avec ma conscience, encore une fois j'en fais le tour, je le pénètre et je le deviens, cela est possible pour ma conscience...
Tout en maintenant cette sensation, je vais faire l'exercice suivant, qui consiste à capter l'énergie cosmique pour réaliser mon objectif. Je vais joindre mes mains, tendre mes bras au-dessus de ma tête, paumes tournées vers le ciel, et faire de légers mouvements latéraux pendant lesquels je capte l'énergie réalisatrice qui va me

permettre de donner corps à mon objectif... Lorsque j'ai terminé, je laisse mes bras retomber le long de mon corps et encore une fois je m'identifie totalement à mon objectif avec ma conscience...
Dans le dernier exercice, il va y avoir une réunification, une interpénétration, l'objectif va renter en moi et je vais rentrer en lui ; dans cette fusion je vais intégrer l'objectif dans ma propre conscience unifiée... Pour cela, je vais sauter sur place comme un polichinelle jusqu'à ce que je ressente une légère fatigue et lorsque je ressentirai cette fatigue, je vais me coucher ou m'asseoir pour vivre la phase de récupération et d'intégration...
J'ai une pleine et totale conscience de mon corps, je suis l'objectif, je l'ai incorporé et tout mon potentiel sera mobilisé pour sa concrétisation...

Reprise.

Ces exercices sont tirés d'un yoga très ancien et leur efficacité n'est plus à prouver. Associés à un travail de la pensée et de l'imagination, ils ont pour effet d'ancrer dans la conscience le plan directeur de notre choix. Ainsi la "graine" n'est pas semée dans le terrain aride et sec de l'intellect, ni dans le territoire humide et moite des émotions, mais dans le domaine fertile et productif de la conscience...

L'IMAGE MENTALE

Prenez l'habitude, lorsque vous êtes en état de détente, de visualiser un objet, un paysage ou même une personne qui représente pour vous un exemple. Choisissez de préférence un objet naturel, vivant. Apprenez également à ne pas toujours choisir votre image mentale avant la séance, mais laissez-la émerger naturellement de vous-même pour venir se fixer ensuite sur votre écran mental. L'objet, le paysage ou la personne peut être connu ou inconnu, réel ou irréel (par exemple de la neige dans un paysage d'été), il peut même changer, cela n'a pas d'importance du moment qu'il représente pour vous le moment de bien-être et d'harmonie que vous vivez dans cet instant. Cette image mentale est synonyme de paix intérieure, d'équilibre psychosomatique. Son utilisation principale est de rappeler à tout notre être les sensations agréables que nous vivons lorsque nous sommes détendu. Avec un peu d'entraînement et cela quel que soit l'environnement, vous verrez qu'il est possible, en faisant venir votre image sur l'écran mental, de trouver le calme et la tranquillité intérieure. Voici un exemple de logos lorsque vous êtes en relaxation.

Je laisse venir sur mon écran mental l'image d'un paysage. Ce paysage est mon paysage et il représente pour moi le bien-être que je vis en ce moment. Je perçois bien les formes de mon paysage, les sons s'il y en a... Je vois les couleurs de mon paysage et je sens les odeurs s'il y en a... Je me sens vivre, évoluer dans mon paysage... Ce paysage est pour moi une oasis de calme, de paix, de sérénité...
Ainsi, chaque fois que je désirerai retrouver rapidement l'état agréable qui est le mien en ce moment, il suffira que je ferme mes yeux, que je respire calmement par mon ventre et que je laisse venir sur mon écran mental l'image de mon paysage, pour aussitôt retrouver l'état de bien-être qui est le mien en ce moment. Je laisse maintenant partir mon image...

Reprise.

Les pensées

L'homme se distingue des autres créatures par son pouvoir de penser, de créer des images. L'image pensée (imagination) est une force réelle qui, par le jeu de l'interaction permanente, influence d'abord son créateur, puis par la loi d'émanation et de propagation agit ensuite sur l'entourage. Par conséquent, toutes les pensées, mêmes les plus faibles et les plus insignifiantes, sont une réalité.

L'ignorance de cette vérité est, pour les humains, la cause de beaucoup d'échecs et de malheurs, car ils ne voient pas, ne sentent pas que la pensée travaille, qu'elle construit ou bien démolit, et ils se permettent de penser n'importe quoi, sans savoir qu'ils se barrent ainsi le chemin de l'évolution.

Ce n'est pas à l'extérieur de nous-même, dans le monde des faits, que nous trouverons les solutions à nos problèmes, mais dans notre vie intérieure, monde des principes. C'est donc dans la tête qu'il faut changer quelque chose. C'est le cliché, l'image, la pensée qu'il faut changer. Mettons des images merveilleuses et des pensées lumineuses dans notre imagination et nous deviendrons ainsi des êtres positifs, constructifs, éclairés, qui évoluent sur la voie de la réussite, de l'harmonie et de l'équilibre.

PROGRAMMATION DU CERVEAU POUR UNE ACTION FUTURE

En état de détente, nous perdons la notion du temps. Le passé et le futur s'effacent pour se fondre dans le présent. Symboliquement nous pouvons dire que nous nous réunissons en nous-même dans ce point central où la notion du temps n'existe plus. Ainsi, tout ce que nous allons imaginer et ressentir émotionnellement dans cet état de conscience aura tendance à devenir une réalité objective lorsque nous passerons réellement à l'acte.
Nous pouvons donc, alors que nous sommes couché sur un matelas ou assis sur une chaise, vivre dans notre tête et notre cœur une action future comme si nous y étions vraiment. Cela nous permet de programmer positivement notre cerveau pour un événement qui aura lieu plus tard. Comme il y a perte de temporalité, il nous est également possible de vivre antérieurement et de visualiser en quelques minutes une action qui peut durer plusieurs heures.
Lorsque nous pratiquons cette méthode, nous devons visualiser le futur événement de manière positive du début à la fin. Mais il faut éviter une programmation trop stéréotypée, trop rigide, afin de pouvoir s'adapter au

changement le jour de la réalisation concrète. Avant de vous décrire cette technique, un dernier conseil : utilisez-la au minimum 48 heures avant l'événement ou l'action.

En état de détente :
Je suis maintenant parfaitement détendu, il n'y a plus de temps ni d'espace, et je peux me projeter vers le futur avec ma conscience pour me voir réussir positivement un événement ou une action. Même si cet événement dure plusieurs heures, je suis capable de le vivre du début à la fin en quelques minutes. Je vis donc maintenant de manière totalement réussie mon événement ou mon action...
Si je n'ai pas terminé ma visualisation, je continue jusqu'à la fin à vivre positivement mon événement. Ce que je vois, ce que je vis est la réalité du futur. J'ai programmé mon cerveau pour la réussite. Tout sera fait pour que cela devienne réalité le jour de mon action ou de mon événement. Je laisse maintenant partir ces images et je reviens sur mon vécu corporel.

Reprise.

TRAVAIL AVEC LES QUATRE ELEMENTS

Chacun des quatre éléments a une relation directe avec les différents composants de l'homme : la terre avec le corps physique, l'eau avec le plexus solaire et le cœur, l'air avec le mental (intellect), le feu avec l'esprit et l'âme (lumière et chaleur). Les quatre méthodes qui suivent sont donc en liaison avec la nature et les quatre éléments qui la composent. Ces exercices sont simples, mais leur efficacité est grande, car ils réveillent notre mémoire cellulaire qui, à son tour, nous rappelle notre origine universelle. Pour utiliser ces méthodes, il n'y a pas de règle stricte. Vous pouvez les modifier selon vos envies et votre environnement. Faites donc appel à votre imagination et votre créativité pour fusionner et échanger avec la nature. La meilleure solution serait de pratiquer dehors, en contact direct avec les éléments. Si cela ne vous est pas possible, vous pouvez utiliser pour vos relaxations un fond musical comportant des sons naturels (chants d'oiseaux, ruisseau, vent, etc.). Ces méthodes permettent d'abord de se décharger, de se nettoyer, puis de se recharger. Elles sont donc complètes, contenant symboliquement les deux principes, le yang et le yin, elles forment un tout, une unité.

Mise à terre (élément terre)

En état de détente :
Avec ma conscience je me transporte dans mon paysage, ce paysage qui est pour moi synonyme d'oasis, de bien-être, de paix. Je suis là dans mon paysage, il est possible que mon paysage se modifie, qu'il ait changé, cela n'a pas d'importance. Je m'installe confortablement dans mon paysage, je me mets en harmonie avec mon paysage, avec la nature. Et là, si j'ai des soucis, des problèmes qui créent des tensions dans mon corps, je décide de les donner à la terre. Cette terre qui me porte, cette terre sur laquelle j'évolue, qui a cette capacité de tout transformer, de faire pousser des choses magnifiques comme les arbres, les fleurs, la nourriture que je mange, les fruits, le blé. Je vais lui donner tous mes soucis, tous mes problèmes qu'elle va transformer dans ses entrailles, pour me les rendre sous une forme subtile, légère, colorée, parfumée.
Pendant quelques instants, je mets mes mains en direction de la terre et mes doigts en contact avec elle. Et j'imagine que par mes mains, par mes doigts, je sors de moi mes problèmes, mes soucis, mes tensions corporelles, que je les donne à la terre qui va les transformer et me les rendre sous la forme d'une énergie nouvelle, subtile, agréable... J'ai nettoyé, libéré mon corps de toutes les tensions résiduelles qui pouvaient encore s'y

trouver. Je me sens libre, détendu...
Je mets maintenant la paume de mes mains en contact avec la terre et je capte par elles l'énergie tellurique, je fais le plein de cette énergie. Je la sens circuler librement en moi et nourrir chacune des cellules de mon corps...
Puis je remercie la terre et lentement je retire mes mains. C'est plein de cette énergie, cette énergie harmonie, cette énergie amour, que je décide de quitter mon paysage pour aller donner à mon corps physique cette énergie, cette vie. Ainsi, avec ma conscience je pénètre à l'intérieur de mon corps, qui se sent rempli de cette force, de cet amour. Je me sens quelqu'un de nouveau...
Cette vie, cette force, cette énergie, je vais les ramener avce moi dans la réalité de tous les jours, réalité que je me prépare à retrouver.

Reprise.

Purification du plexus solaire (élément eau)

En état de détente :
Avec ma conscience je me transporte dans un endroit de la nature. Que je connaisse ou non cet endroit, cela n'a pas d'importance. Cet endroit est merveilleux, tranquille, paisible, et il me transmet cette tranquillité et cette paix. Dans ce paysage magnifique il y a des arbres, des prés, des fleurs, un ruisseau et même une cascade...

J'évolue dans ce paysage, je me sens bien, léger... J'arrive près de la cascade et je m'assieds dans l'herbe. Je sens bien mon corps en contact avec la terre. Je me laisse imprégner par l'ambiance vibratoire qui règne en ce lieu.
Puis toute mon attention se porte vers le bruit de l'eau qui tombe en cascade, comme des gerbes de lumière. J'imagine que cette eau me traverse de la tête aux pieds, puis je ressens cela comme une réalité...
Cette eau qui me traverse me nettoie intérieurement. Je sens qu'elle emporte vers la terre mes problèmes affectifs, mes soucis émotionnels. Je vis cela pendant quelques instants...
Je ressens cette sensation de manière plus intense au niveau de mon plexus solaire. Cette eau agit comme un tourbillon purificateur et libère mon plexus solaire qui se détend, se dilate... Je me sens maintenant totalement libéré de mes problèmes affectifs, émotionnels. Je me lève et je me dirige vers un arbre. Je lui parle et je lui demande s'il veut bien me donner un peu de cette énergie qui fait sa beauté, sa splendeur. Il accepte, alors je m'adosse à lui, je place ma main gauche dans mon dos, la paume appuyée contre son tronc et la paume de ma main droite sur mon plexus solaire. Il se produit alors une transfusion d'énergie que je reçois par ma main gauche et qui se déverse dans mon plexus solaire par ma main droite...

Lorsque j'ai fait le plein de cette énergie, je remercie l'arbre. Cette énergie, cette harmonie intérieure, je vais les ramener avec moi dans la vie des tous les jours. Je laisse partir les images de mon paysage et je reviens mentalement dans le lieu où je me trouve.

Reprise.

Nettoyage mental (élément air)

En état de détente :
Avec ma conscience je me transporte sur une plage. Je m'installe confortablement dans le sable chaud. J'ai la sensation agréable que mon corps s'enfonce dans le sable, comme pour fusionner avec lui. Cette sensation devient réalité et tout mon corps est recouvert de sable chaud, sauf ma tête qui est à l'air libre. Je me sens comme enveloppé par une agréable couverture de relaxation...
Tout mon corps devient chaud et cette chaleur permet à mon corps de se fondre dans le sable. Dans cette situation confortable, j'oublie mon corps et je porte toute mon attention vers ma tête qui est à l'air libre...
Un petit vent frais balaye mon front et je ressens une agréable sensation de fraîcheur dans ma tête. Ce vent léger pénètre à l'intérieur de ma tête et nettoie mon cerveau de toutes les pensées néfastes qui s'y trouvent...

Le vent les emporte vers un nuage blanc qui les dissout dans le cosmos. Je vis cela, jusqu'à ce que mon cerveau soit totalement nettoyé...
Transformées positivement dans l'atmosphère, ces pensées retombent maintenant sous la forme de paillettes de lumière. Et afin de remplir ma tête de cette clarté, de cette lucidité, j'aspire par mon nez ces paillettes de lumière qui pénètrent chacun des neurones de mon cerveau...
Lorsque j'ai fait le plein de lumière, je me sens lucide, mes idées sont claires. Alors, je décide de revenir à la réalité de tous les jours en sachant que je vais conserver cette lucidité, cette fraîcheur...
Je retrouve mes sensations corporelles, je me dégage du sable et je laisse partir les images de la plage pour revenir mentalement dans le lieu où je me trouve.

Reprise.

Voyage dans le soleil (élément feu)

Pour cette pratique, nous vous conseillons d'induire l'état de détente en utilisant la technique "tension musculaire, relâchement", car elle permet de mieux vivre votre "corps conscience" avec lequel vous allez voyager.
Je me prépare à faire un voyage symbolique, mais qui contient toute une réalité. Ma conscience n'est pas

comme mon corps physique limité dans le temps et dans l'espace. Ainsi, avec ma conscience, je quitte mon corps physique et je sors de la pièce...
Je me trouve maintenant au-dessus de la maison et je décide de m'élever en direction du soleil. Je commence à monter et je vois maintenant le village ou la ville. Je continue à m'élever et je vois toute la région, la nature qui entoure cette région. Je monte toujours plus et je vois maintenant le pays dans son entier. Je m'élève encore plus haut et je vois le continent. Je continue à m'élever et je vois maintenant la terre dans son entier. Je la vois comme un ballon de football avec sa zone sombre et sa zone éclairée. Je poursuis mon voyage et je perçois la terre comme une tête d'épingle, toute petite, tout là-bas. Alors je comprends que tout est relatif. Lorsque je suis en bas, sur la terre, les distances me semblent si longues et, de là où je me trouve actuellement, je peux l'embrasser tout entière d'un seul regard. Il y a autour de moi des étoiles dont je vois la lumière d'il y a quatre ans, cinq ans ou plus et cela me confirme que tout est relatif.
Je me retourne et je vois devant moi le soleil, je m'approche de lui. Je suis maintenant tout près du soleil, soleil énergie, soleil vie, accueillant, chaleureux. Je pénètre à l'intérieur du soleil et au centre du soleil il y a un grand feu, un feu purificateur, régénérateur. Et dans ce feu je jette les dernières choses qui se collent à moi et

qui peuvent s'appeler attachement, culpabilité, peurs, idées reçues. Je les jette dans ce feu qui va les transformer en une énergie lumineuse, chaleureuse, vivifiante...
Et lorsque j'ai fait cela, je m'installe confortablement dans le soleil. Je suis une forme sans forme, je me moule au soleil et je fais le plein de cette énergie, de cette lumière, de cette chaleur, de cette vie sans laquelle rien n'est possible, de cet amour également...
Et lorsque je suis rempli de cette énergie, je décide de quitter le soleil, je sors du soleil, je le remercie pour tout ce qu'il m'a donné, et je m'éloigne. Je vois la terre là-bas grossir, devenir comme un ballon de football, je continue à redescendre et je vois maintenant le continent. Je me sens plus léger, plus libre qu'à l'aller.
Je voyage rapidement dans l'espace, je me rapproche encore et je vois le pays, la région, puis la ville ou le village. Je suis maintenant au-dessus de mon corps physique et je décide d'apporter à mon corps physique cette force, cette vitalité que m'a données le soleil. Je rentre dans mon corps physique avec ma conscience et je sens chacune de mes cellules se remplir de cette énergie, de cette force...
A mon tour je deviens un soleil, et dans la vie de tous les jours, je serai capable d'éclairer, de réchauffer, de vivifier les êtres qui m'entourent. Je me prépare à ressortir de l'état privilégié dans lequel je suis, sachant que je vais continuer à rayonner dans mon environnement habituel.

Reprise.

Le soleil contient et produit la trinité. Cette trinité se manifeste sous forme de lumière, de chaleur et de vie. Il a donc une fonction essentielle en ce qui concerne la vie de notre planète et des êtres qui l'habitent. Le soleil possède le pouvoir d'éclairer, de réchauffer et de vivifier, mais il reste impuissant devant les volets clos. Ce message symbolique que la nature nous offre, nous permet de comprendre que chacun a le choix d'ouvrir ou non ses propres volets, afin de laisser entrer la lumière. " Mieux vaut allumer une chandelle que de maudire l'obscurité " (sagesse chinoise).

LA RAISON ET LA LUCIDITE

Combien de fois avons-nous entendu l'injonction suivante : " Est-ce raisonnable ? " Mais qu'est-ce que la raison ? Le mot vient du latin " ratio " qui signifie calculer, compter et par prolongement : rationaliser. La raison est donc par définition partielle, analytique et réductive. L'usage continu et intensif de la raison provoque une tension cérébrale. Le terme est lâché : la tension. Par le jeu de l'interaction permanente entre l'esprit et le corps, cette tension cérébrale va automatiquement se répercuter sur le corps. Pour être efficace et rayonner en toutes circonstances, il est indispensable d'avoir le plus possible l'esprit libre et ouvert. Les dernières découvertes en neurologie démontrent que dès que le système nerveux reçoit un "message", il déclenche automatiquement deux grandes réactions :

1) Il canalise le message vers les centres nerveux directement intéressés. Cette canalisation permet l'excitation de ces centres nerveux. A son tour, cette excitation nerveuse permet la puissance exigée par l'action du moment.

2) En même temps, le système nerveux bloque les centres nerveux qui n'ont rien à voir avec l'action du moment. C'est le phénomène d'inhibition. Cette inhibition est un blocage, donc un sommeil.

Pour mieux comprendre, prenons une image. Pensons tout d'abord qu'une loupe permette d'éclairer notre cerveau. Suivant la distance à laquelle nous situons la loupe, nous obtiendrons soit une lumière intense parce que focalisée, concentrée sur notre problème actuel (raison), soit une lumière plus diffuse, mais éclairant la totalité de notre cerveau. Nous pouvons appeler cela la lucidité.
Il faut signaler également qu'un raisonnement trop intense, qui devient souvent involontaire et maladif, amène à l'idée fixe, l'obsession et la rumination mentale. D'où une très forte excitation de quelques centres du cerveau qui travaillent jusqu'à épuisement. Rationaliser est une action fatigante, puisque les centres nerveux en activité sont soumis à une forte excitation. Ils s'épuisent donc rapidement. On peut également imaginer que ces centres nerveux se consument sous l'effet d'une trop grande focalisation dû au placement de la loupe.
Cet exemple nous montre que l'usage excessif de la raison empêche la lucidité. Qu'est-ce donc que la lucidité ? C'est une perception nette, étendue ; c'est une vigilance paisible qui s'étend dans de multiples directions. La lucidité exige le fonctionnement d'un grand nombre de centres nerveux. Donc un homme qui rationalise est aux antipodes de la lucidité... puisque les trois quarts de son cerveau sont inactifs. Le raisonnement analytique implique un gros effort qui s'accompagne d'un manque de maîtrise. Ce manque de maîtrise, à son tour, corres-

pond à un manque d'aisance. Il en ressort que l'aisance cérébrale (esprit ouvert ou libre) est primordiale. Elle permet de " jongler " avec le problème. Elle permet de voir (comme en méditation) des solutions et des données lointaines qui se rapportent à lui. De plus, l'aisance évite la fatigue puisqu'elle laisse ouvert un très large champ de conscience. De très nombreux messages peuvent donc toucher un cerveau très éveillé dont la lucidité s'étend parfois jusqu'à l'infini... Rappelons aussi que chaque individu peut décider pour lui-même d'être lucide ou non, car chacun tient dans sa main le manche de sa propre loupe...
Il apparaît donc que la raison est le produit de l'hémisphère gauche du cerveau, lié à la matière, au monde concret. La raison provoque par conséquent une réflexion mentale analytique, qui est par définition statique, passive. La lucidité (lumière) naît quant à elle de l'hémisphère droit qui est celui de l'intuition, de la créativité, dont la nature est active, dynamique.
Les exercices de relaxation dynamique présentés précédemment suivent le processus que nous retrouvons dans la nature. Le mouvement (corps physique) provoque de la chaleur (cœur) et la chaleur est suivie de la lumière (cerveau, tête). Lorsque nous désirons allumer une bougie pour nous éclairer nous procédons de la même manière : par le mouvement nous frottons l'allumette sur la boîte, ce frottement provoque un échauffement qui a son tour amène le feu, la lumière.

Nous pouvons aussi dire que la chaleur correspond à la sensation et la lumière à la compréhension. Ainsi, dans le mouvement évolutif de bas en haut, la sensation et le vécu précèdent la compréhension. Il est donc important, dans un premier temps, de se " laisser " sentir lorsque nous pratiquons les exercices. La compréhension suivra d'elle-même. Au début, nous sommes obligés de suivre ce cheminement évolutif et c'est seulement lorsque nous aurons atteint le sommet de notre être (processus de centrage) que nous pourrons suivre le processus inverse (rayonnement), celui de l'involution qui va de haut en bas ou du centre vers la périphérie. Ce processus est celui de la création du monde dans lequel la lumière vint en premier ("Que la lumière soit et la lumière fut."). Symboliquement nous pouvons dire du mouvement involutif que c'est faire descendre le ciel sur la terre ou l'esprit en l'homme. A ce moment-là l'idéal, les pensées rayonnent à travers les actions concrètes...

ENTRAINEMENT DES DEUX HEMISPHERES DU CERVEAU

Cette technique peut être très utile pour modifier de manière positive un comportement ou une attitude, il est donc préférable pendant la pratique de se "sentir" progresser et évoluer intérieurement, plutôt que de vouloir absolument se "voir" au sens littéral.
Avant de commencer, vous devez trouver, sous la forme d'un mot ou d'une courte phrase, quatre points ou idées qui permettront le changement évolutif par rapport à votre situation actuelle (par exemple si vous désirez perdre du poids : 1) manger moins, 2) choisir des produits naturels, 3) plus d'activités physiques, 4) se détacher des idées reçues qui nous limitent). Cet exercice peut se pratiquer en position assise ou couchée.

En état de détente :
Derrière mes paupières closes, je porte mon attention vers mon œil gauche. Avec mon œil gauche je dessine un carré dans un sens..., puis dans l'autre..., je dessine maintenant un triangle plusieurs fois dans chaque sens..., puis un cercle dans les deux sens également...

J'imagine maintenant qu'il y a un triangle équilatéral au-dessus de ma tête avec une pointe devant, une pointe au-dessus et une pointe derrière ma tête. Et toujours avec mon œil gauche je suis le tracé de ce triangle, je vois la pointe de devant, de dessus, de derrière.
Je fais plusieurs rotations... Puis j'arrête mon regard vers le haut et je découvre l'hémisphère gauche de mon cerveau, cinquante milliards de neurones, dont chacun est capable d'actes de réflexion et d'analyse...
Cet hémisphère est celui de la raison, du rationnel, du concret, c'est en lui que se trouvent les centres de la parole et de la volonté. Pendant quelques instants je médite sur l'hémisphère gauche de mon cerveau...
Je porte maintenant mon attention vers mon œil droit et comme précédemment avec mon œil gauche, je dessine avec mon œil droit, dans les deux sens et à la suite, un carré, un triangle et un cercle...
Puis j'imagine le triangle équilatéral au-dessus de la partie droite de ma tête. Avec mon œil droit je suis le tracé de ce triangle plusieurs fois et j'arrête mon regard vers le haut. Je découvre l'hémisphère droit de mon cerveau, cinquante milliards de neurones, dont chacun est capable de spontanéité, d'amour, d'imagination...
Cet hémisphère est celui de la synthèse, de la créativité, de l'imaginaire, de l'intuition. Pendant quelques instants je médite sur l'hémisphère droit de mon cerveau...
Je vois maintenant à droite un cheval blanc et simulta-

nément à gauche un cheval noir. Les deux images se rejoignent au centre et je vois un cheval gris. Je vois à droite un arbre en fleurs au printemps et à gauche le même arbre en hiver couvert de neige. Les deux images se rejoignent et je vois au centre l'arbre en automne en train de perdre ses feuilles. A droite je vois la partie yang du Tao, à gauche la partie yin. Les deux images se rejoignent au centre et je vois le Tao.
Je laisse partir ces images et je vois à droite l'image de moi-même. Je me " sens ", je me vois comme je suis actuellement. Je conserve à droite l'image " sentiment-concept " de moi-même et simultanément à gauche je vois un tableau noir, sur lequel j'écris les quatre points qui me permettront d'évoluer positivement... A droite l'image de moi-même et à gauche les quatre points inscrits sur le tableau noir.
J'efface maintenant le premier point et à droite je sens, je vois l'image de moi-même évoluer de manière positive...
J'efface le second point et à droite je sens, je vois ma propre image s'améliorer...
A gauche, j'efface le troisième point et je vois, je ressens à droite l'image de moi-même qui progresse positivement...
J'efface maintenant le quatrième point et je vois l'image idéale de moi-même, comme je désirerais être, comme je serai...

Cette image idéale de moi-même vient au centre et je laisse ce " sentiment-concept " pénétrer ma mémoire cellulaire...
Puis je laisse partir cette image en sachant qu'elle n'est pas définitive et que je pourrai encore m'améliorer et me perfectionner lorsque j'aurai atteint ce premier stade d'évolution.
Je vois, loin devant moi, un point lumineux qui se rapproche et qui vient se placer sur mon front entre mes deux yeux. Ce point lumineux pénètre dans ma tête et commence à tourner autour de mes deux hémisphères cérébraux.
Il tourne tellement vite que les rayons qu'il laisse forment un cocon de lumière qui enveloppe mon cerveau dans sa totalité. Il arrête sa course et vient se placer au centre, à la place du corps calleux qui sert de pont, de lien entre les deux hémisphères de mon cerveau. Je médite encore un moment sur mon cerveau, j'améliore ma relation avec lui, en sachant que dès cet instant et dans le futur, la collaboration avec l'organe le plus noble que je possède va s'améliorer chaque jour...

Reprise.

RECUPERATION PHYSIQUE APRES UN EFFORT

Des tests scientifiques démontrent que lorsque nous sommes nerveux et tendus, cela provoque une vasoconstriction (rétrécissement du diamètre des vaisseaux sanguins). A l'inverse, lorsque nous sommes calmes et détendus, les vaisseaux sanguins se dilatent (vasodilatation), ce qui provoque une meilleure alimentation en sang et en oxygène de tout l'organisme. Donc le simple fait de pratiquer les techniques de relaxation et d'atteindre l'état de détente permet une récupération physique beaucoup plus rapide que d'ordinaire. Mais si nous ajoutons à la relaxation des suggestions et des pensées positives, nous obtenons des résultats que nous n'osions même pas imaginer et que la médecine taxe quelquefois de "miracles" inexplicables.
Cette activation faisant appel à l'imaginaire, il n'y a pas de règles strictes pour le logos. Vous pouvez donc adapter ou créer des exercices de visualisation qui vous permettront une récupération rapide après un effort physique ou une blessure. Voici un exemple.

En état de détente :
Je sais que ma conscience n'est pas, comme mon corps physique, limitée dans le temps et dans l'espace. Ainsi je décide avec ma conscience de me miniaturiser pour

faire un voyage à l'intérieur de mon corps. Je suis maintenant dans mes pieds où je vois que l'alimentation en sang et en oxygène se fait bien, librement...
Je passe par mes chevilles et je remonte dans mes jambes jusqu'à mes cuisses. Partout où je passe, je constate un bon relâchement musculaire et tendineux, ce qui permet une meilleure élimination des toxines et une parfaite régénération, grâce à un bon afflux sanguin, qui oxygène ma musculature. Je continue mon voyage en passant dans toutes les parties de mon corps; partout je vois et en même temps je ressens ce phénomène agréable de récupération, de régénération...
Lorsque j'ai terminé avec mes muscles, je peux faire de même avec mes organes. Je visite mon cœur, qui bat calmement, régulièrement, mes poumons, mes bronches qui s'ouvrent totalement à la respiration. Puis je voyage dans les organes de mon abdomen où les fonctions se font bien, librement. Je peux même, si je le désire, visiter mon cerveau...
Avec ma conscience je m'étends maintenant à tout mon corps. Je suis dans chacune des cellules de mon corps et je sens l'énergie vitale qui circule librement en moi, sans barrage...
Si une partie de mon corps est blessée, je dirige un flot d'énergie plus grand vers cette zone et j'accompagne cette action de pensées positives au sujet de la guérison. Je peux par exemple imaginer qu'il y a de petits êtres

qui s'activent, qui travaillent sur cette blessure afin de la réparer totalement et rapidement.
Je fais cela pendant tout le temps que je désire...
Et lorsque j'ai terminé, j'étends à nouveau ma conscience à tout mon corps. Je sens bien mes pieds dans mes pieds, mes jambes dans mes jambes, mon dos dans mon dos, mon ventre dans mon ventre, ma poitrine dans ma poitrine, mon cou, ma nuque et ma tête dans mon cou, ma nuque et ma tête et, par-dessus tout, je sens bien mon cerveau dans mon cerveau où mes idées sont claires et sereines. Puis je me prépare à retrouver la réalité de tous les jours. Tout ce que j'entreprendrai après cette séance me réussira et j'aurai la sensation d'être bien dans ma peau.

Reprise

Si vous utilisez cette méthode dans le cas d'une blessure, il est possible que vous ressentiez plus fortement la partie blessée à la suite de la séance. Ne vous inquiétez pas, car ceci est tout à fait normal et renforce même la démonstration que nous pouvons agir concrètement sur nous-même avec notre conscience. Cependant, malgré leur efficacité reconnue, ces méthodes ne vous dispensent pas de consulter régulièrement votre médecin traitant afin de vous assurer que vous êtes bien sur le chemin de la guérison.

FUSION AVEC L'UN

Cette technique est un voyage de la conscience qui fusionne avec l'univers. C'est une mort au sens initiatique du terme. Vous " mourez " momentanément à votre nature inférieure (personnalité) pour " naître " totalement à votre nature supérieure (individualité). Vous oubliez pour un moment ce que vous représentez physiquement et vous vivez pendant ce temps dans la réalité d'un monde supérieur.

Au retour d'une telle expérience, vous améliorez la connaissance profonde de vous-même et vous constatez que vous êtes libéré de certaines peurs. Les personnes qui acceptent de vivre pleinement l'expérience mystique deviennent des êtres responsables d'eux-mêmes, de leur vie, de leur santé, de leur bonheur, et leur relation avec les autres s'améliore considérablement.

L'exercice ci-dessous a essentiellement pour but de vous permettre de vous faire une idée, mais rappelons que pour toucher à ce domaine plus profondément, il est préférable de faire appel à une personne compétente qui pourra vous guider.

Il est très important de ne pas être dérangé pendant toute la séance.

En état de détente :

Tout mon corps physique est là relâché, détendu, ainsi avec ma conscience je suis plus libre pour voyager, pour aller voir dans d'autres dimensions ce que je suis réellement, ce qu'est la vraie réalité. Avec ma conscience je me transporte sur une plage.

Je suis là sur cette plage, seul. C'est le matin avant le lever du soleil, une tranquillité et une vibration harmonieuse règnent dans cet endroit. Je m'installe confortablement sur cette plage, assis, les jambes en tailleur, ma colonne vertébrale dans un plan vertical servant de liaison, d'antenne entre le ciel et la terre. Je suis là assis sur cette plage dans une position confortable et je relâche mon corps dans cette position, je le sens se stabiliser, s'équilibrer, s'installer confortablement dans le sable...

Puis j'imagine un rayon lumineux prolongeant ma colonne vertébrale vers le bas, de mon coccyx pénétrant les couches de la terre jusqu'en son centre...

Et une autre corde lumineuse, un autre rayon lumineux part du sommet de ma tête en prolongeant ma colonne vertébrale vers le ciel en allant très haut dans le cosmos... Et me parviennent maintenant de ces deux cordes, de ces deux rayons lumineux des énergies terrestres et des énergies célestes qui me pénètrent, et qui fusionnent en moi au niveau de mon plexus solaire...

Ces deux énergies ont en fait la même origine et, en me

pénétrant, elles me nettoient, me purifient... Et j'ai cette sensation qu'à l'intérieur de moi-même je deviens transparent, je me vide de tout ce qui est à l'intérieur de moi-même, je deviens transparent comme du cristal...
Puis je me fonds totalement dans cette énergie, je n'ai plus de forme, je n'ai plus de densité. Je me sens totalement fondu dans cette énergie, totalement fusionné dans cette unité. Je suis une forme sans forme et je m'étends à tout l'univers. Je suis dans chaque cellule, je suis une pure conscience, je m'élargis, je m'étends et je pénètre chaque cellule jusqu'en son cœur. Je suis l'univers, je suis en toutes choses et je suis toutes choses... Pendant quelques instants je vis cette fusion avec l'univers tout entier, avec chaque chose, je me sens faisant totalement partie, de manière intégrante, de cette unité...
Puis peu à peu je reprends forme, mon corps retrouve ses contours, se remplit à nouveau de mes muscles et mes organes. Je redeviens moi-même, assis sur cette plage...
J'ai vécu pendant cette expérience l'unité, cette conscience que quelque part nous sommes tous "un" unis sous une forme subtile, non matérielle. Quelque chose en moi a changé, j'ai vécu l'expérience de l'unité. Je suis maintenant un être nouveau qui va voir les choses d'une façon différente...
Cet équilibre et cette harmonie que j'ai trouvés dans cette unité, je vais les ramener dans la vie de tous les

jours, ce qui me permettra de mieux éclairer, réchauffer et vivifier les gens qui m'entourent, de mener une vie plus pleine, de mieux utiliser mon potentiel et de mieux comprendre qui je suis réellement. Je vais ainsi éliminer les peurs parasites, peur du futur ou du passé, pour vivre chaque instant au présent dans la joie et le bonheur...
Je me sépare maintenant de ces deux rayons lumineux, de ces deux cordes, et je me sens plein de cette énergie qui circule librement en moi... Et je me décide à quitter cette plage où je pourrai retourner chaque fois que je le désirerai pour fusionner à nouveau avec l'univers et pour faire le plein de cette énergie, cette énergie vie, cette énergie amour.
Je quitte cette plage pour retrouver mon corps physique qui est là dans cette pièce. Je réintègre mon corps physique et je décide de ressortir de l'état dans lequel je suis actuellement.

Reprise.

LE RIRE

L'arme par excellence contre le stress, c'est le rire. Le rire est le débordement d'un cœur plein d'amour. La vie est un jeu, nous l'oublions trop souvent; immergés dans nos soucis quotidiens, nous nous prenons au sérieux, quelquefois même dans les situations les plus grotesques. Le seul moyen de prendre de la distance, c'est de réapprendre à rire. Tout d'abord rire de soi sans dédain ni mépris; ainsi le rire nous permet de relativiser, il nous sort de nos préoccupations, il nous libère de l'ennui. Le rire est le meilleur remède contre la vanité, il nous éloigne de la gravité de l'orgueil. Sans le sens de l'humour, l'homme est spirituellement mort, sa lumière intérieure faiblit et son intelligence diminue, car le rire est l'une des composantes essentielles de l'intelligence. Le rire est communicatif, il est même plus que cela, c'est une communion. Communion entre les hommes qui savent cultiver le sens de l'humour et en finalité communion avec le Créateur. Le rire est un langage universel qui ne connaît pas de frontière. Il est dit que Dieu créa le monde par la parole, mais personnellement nous nous demandons s'il n'a pas tout simplement ri...
Voici quelques exercices pratiques pour stimuler le rire, suivis de quelques blagues, dont nous avons essayé de tirer la quintessence philosophique, car la plupart des his-

toires drôles contiennent une grande sagesse...

• Regardez-vous dans un miroir et faites des grimaces qui provoqueront votre hilarité.

• A chaque fois que vous vous regardez dans un miroir souriez-vous et enregistrez la sensation du sourire. Vous pourrez ainsi la reproduire plus facilement en d'autres circonstances. Prenez l'habitude de sourire en parlant, car le sourire agit comme un filtre positif.

• Faites quelques expirations rapides par le nez en rentrant le ventre à chaque expiration. Bien pratiqué ce simple exercice déclenche le rire.

• Les WC sont un des lieux privilégiés des rieurs. Déposez-y un livre d'histoires drôles, nourrissez-vous de son contenu, mais attention à l'indigestion qui encombre la mémoire. Pour éviter cela ne conservez que la meilleure blague que vous avez lue et sitôt sorti du " lieu sacré " faites-en bénéficier vos proches. Un dernier conseil : pensez à ceux qui attendent derrière la porte...

• Une fois par semaine offrez-vous un film humoristique. Partagez ce moment amusant avec des amis qui ont les mêmes goûts comiques que vous, parce que se marrer en groupe engendre un état d'euphorie. Ceux qui rient ensemble renforcent leur relation d'amitié et deviennent plus solidaires.

• Evitez les gens tristes et trop sérieux. Eloignez de vous toute rancœur ou idée de vengeance. Si on vous lance des pierres (méchanceté) renvoyez des diamants (sourire).

• Fréquentez les enfants, participez à leurs jeux, ce sont les maîtres du rire.

* * *

Papa à son fils : "Denis, je crois que la cigogne va bientôt nous apporter un bébé." - "Ah ! ça va en faire deux." - "Deux ? Comment deux ?" - " Eh bien, maman attend aussi un bébé."

Les enfants sont souvent plus réalistes qu'on ne le pense. N'exploitons pas leur crédulité. Sinon...

* * *

"Pourquoi ris-tu comme ça, Jeanne ?" demande maman à sa fille. "J'ai une punition," dit Jeanne en riant. "Je dois copier cent fois 'Je suis un âne'." - "Eh bien, franchement, Jeanne, je ne trouve rien de drôle à cela", dit maman. "Oui, maman, mais tu dois signer en dessous."

...ils exploiteront la nôtre !

* * *

"Qui a brisé la vitre ?" - "C'est Jean. Il s'est baissé alors que je lui lançais une boule de neige."

Fuir sa responsabilité est lâche. La reporter sur les autres est honteux...

* * *

"Papa, j'ai rêvé que tu me donnais 10 francs." - "Si tu es sage, tu pourras les garder."

Prendre ses rêves pour la réalité conduit le plus souvent à la déception...

* * *

Un homme se débat dans l'eau et appelle au secours. Un promeneur s'approche : "Pourquoi criez-vous ainsi ?" - "Je ne sais pas nager !" - "Moi non plus, mais je ne fais pas tant d'histoires !"
Il est aisé de moraliser lorsque notre situation est plus confortable que celle de l'autre...

* * *

Un clochard sonne à la porte d'une résidence luxueuse. Le majordome lui ouvre : "Monsieur ne reçoit pas." - "Je ne veux pas qu'il reçoive, je veux qu'il donne !"
Les courants ne vont pas toujours dans le sens que l'on désire...

* * *

Un fou se trouve sur un pont et chante : "22 tralala, 22 tralala..." Un passant s'arrête et lui demande : "Pourquoi chantez-vous '22 tralala' comme ça ?" - "Regardez donc vers le bas", lui dit le fou. Le passant se penche par-dessus le parapet du pont. A ce moment, le fou le pousse dans le vide et se remet à chanter : "23 tralala, 23 tralala..."
La curiosité est un vilain défaut...

Le rire est double en ce sens qu'il contient en lui-même la sagesse et l'amour. N'oubliez jamais que grâce à l'androgynie du rire vous possédez un moyen extraordinaire pour vous centrer et pour rayonner simultanément...

LA GREFFE SPIRITUELLE

Pour améliorer la qualité des fruits d'un arbre, les arboriculteurs ont découvert la greffe. Alors pourquoi ne pas utiliser ce procédé dans les domaines psychique et spirituel ? Notre nature inférieure est semblable à un arbre robuste qui produit le plus souvent des fruits âpres et acides. Pour améliorer la qualité de nos fruits sans perdre la vigueur de notre nature inférieure nous pouvons nous greffer, par la pensée et l'imagination, à notre nature supérieure qui est comparable au soleil.

En état de détente :
Avec ma conscience je me transpose dans mon paysage et je m'installe en lui, dans l'endroit qui me convient le mieux... Couché dans l'herbe, sur une plage, ou tout simplement adossé à un arbre, je regarde le ciel au centre duquel brille le soleil... Lorsque je suis en contact visuel avec le soleil, j'imagine un canal de lumière qui relie mon cerveau au soleil... Par ce lien, à travers le soleil, je me greffe à l'Intelligence cosmique... Et je perçois, je ressens la lumière de la sagesse pénétrer mon cerveau qui devient peu à peu transparent... Je réalise qu'en greffant mon intellect avec la pure intelligence je peux réfléchir cette lumière sans déviation, sans filtre

personnel... Les doutes et les incertitudes ont totalement fondus grâce à cette greffe...
J'imagine maintenant le canal de lumière reliant mon cœur au soleil... Et à travers lui je me greffe à l'amour inconditionnel... La vague d'amour qui me parvient purifie mon cœur... Les peurs, les angoisses qui m'habitaient sont désagrégées par ce flot d'amour... Grâce à cette greffe, la douceur et la bonté émanent de mon cœur...
Puis le canal de lumière s'élargit et il enveloppe tout mon corps... Toujours à travers le soleil, je greffe ma conscience à la vie universelle... Un flux de vie qui pénètre jusqu'au cœur de chacune de mes cellules... Et tout ce qui est malsain en moi est dissout... Grâce à cette greffe, la santé s'installe en moi... Mon rayonnement de lumière et d'amour s'intensifie... A la suite de cette séance mes pensées, mes sentiments et mes actes seront semblables à des fruits sucrés et savoureux...

Reprise.

L'HUITRE PERLIERE

La nature est un livre vivant d'une richesse pédagogique inouïe pour ceux qui se sont engagés sur le chemin du développement personnel. Prenons l'exemple de l'huître perlière. Savez-vous comment elle s'y prend pour produire une perle ? Eh bien, il faut savoir tout d'abord que c'est un grain de sable qui pénètre dans l'huître par l'entrebâillement. Ce grain de sable est un corps étranger qu'elle ne peut pas chasser, alors elle commence par accepter sa présence, puis elle se met à dégager, vis-à-vis de ce corps étranger, les éléments les plus purs, les plus cristallins pour en faire une perle merveilleuse.

Sachez qu'il est possible d'imiter l'huître perlière lorsque des grains de sable s'introduisent dans notre existence. Un sage oriental disait que nous, occidentaux, vivions dans une surabondance d'informations, mais que nous ne passions que très rarement au stade suivant qui est celui de la transformation. Cela revient à dire que nous savons énormément de choses sur le monde, mais que nous nous connaissons très peu nous-même. L'exercice suivant nous offre la possibilité de faire ce pas de l'information à la transformation.

Pour cette pratique, nous allons utiliser une nouvelle méthode d'induction. Cette suite d'exercices sert à déployer la conscience au-delà des limites du corps physique. Il en résulte une sensation agréable de la présence d'une bulle de conscience tout autour de nous. En psychologie moderne, cette bulle est appelée " la conscience enveloppante ". Lorsque notre conscience est expansée, il nous est plus facile de nous identifier à un phénomène naturel. Cette identification de conscience va s'imprimer dans notre mémoire cellulaire et le processus alchimique de transformation s'opère à l'intérieur de notre propre conscience pour ensuite se manifester sous une forme nouvelle à travers notre comportement.

Je m'installe confortablement sur une chaise et je ferme mes yeux... Les yeux fermés je tourne mon regard vers l'intérieur... Et je me centre par ma respiration... Je me prépare maintenant à faire une suite d'exercices pour expanser ma conscience... Je visualise le premier exercice avant de le pratiquer... Il consistera à vider mes poumons sous la forme d'un gros soupir, puis j'inspirerai par mon nez... Poumons pleins en rétention, je vais mettre ma tête vers l'arrière comme si je voulais étirer mon cou... Lorsque j'en ressentirai le besoin, je vais expirer lentement et progressivement par mon nez, en reprenant ma posture initiale... je peux maintenant pratiquer ce mouvement avec ma propre intensité...
Je récupère tout en accueillant les sensations dans mon corps... Et simultanément je prends conscience de ma

conscience enveloppante autour de ma tête et de mon visage... Je suis capable de lire la forme, le volume, les contours de ma tête dans la détente...
Je visualise l'exercice suivant avant de le pratiquer... Je commencerai par vider totalement mes poumons par un gros soupir, puis j'inspirerai par mon nez... Poumons pleins en rétention, je vais tendre les bras devant moi comme si je voulais les étirer... Quand j'en ressentirai le besoin, je vais expirer lentement et progressivement par mon nez en relâchant mes bras... Je peux pratiquer cet exercice avec ma propre intensité...
Tout en accueillant les sensations dans mon corps, je prends conscience de ma conscience enveloppante autour de la partie supérieure de mon corps... Je peux lire la forme, le volume, les contours de cette partie de mon corps dans la détente...
Je visualise le mouvement suivant avant de le pratiquer... Je viderai mes poumons par un gros soupir, puis j'inspirerai par mon nez... Poumons pleins en rétention, je tendrai les jambes comme si je voulais les étirer... Lorsque j'en ressentirai le besoin, j'expirerai lentement et progressivement par mon nez en relâchant mes jambes... Je peux pratiquer ce mouvement avec ma propre intensité...
Je récupère en accueillant les sensations dans mon corps et simultanément grâce à ma conscience enveloppante déployée et affinée, je peux lire la forme, le volu-

me, les contours de la partie inférieure de mon corps dans la détente...

Dans le dernier exercice je vais relier toutes les parties de mon corps dans une unité de conscience. Pour cela je visualise le mouvement avant de le pratiquer. Je viderai totalement mes poumons par un gros soupir, puis j'inspirerai par mon nez... Poumons pleins en rétention, je vais mettre mes mains derrière ma nuque et étirer tout mon corps en faisant un arc vers l'arrière... Lorsque je ressentirai une légère fatigue, j'expirerai lentement et progressivement par mon nez en relâchant tout mon corps... J'accueille les sensations dans mon corps, je prends conscience de la conscience enveloppante tout autour de mon corps... comme si j'étais moi-même autour de moi-même, capable de lire, de sentir la forme, le volume, les dimensions de mon corps dans la détente...

Avec ma conscience je me transpose dans un paysage marin... Et là sur la plage je perçois une huître... Je l'enveloppe avec ma conscience, je capte ses formes, ses contours... Puis je pénètre l'huître, je la visite... Je deviens l'huître, je vois l'entrebaillement et par cette ouverture, il y a un grain de sable qui entre... Je l'assimile à une résistance que je vis dans mon quotidien... je ne me bats pas contre cette résistance, tout comme l'huître je commence par accepter la présence de ce grain de sable... Je commence même à dégager, vis-à-vis

de cette résistance, les éléments les plus beaux, les plus nobles qui m'habitent, peu à peu j'enveloppe ce grain de sable d'amour et de lumière... Progressivement une perle se forme...
Je réalise qu'en m'identifiant à l'huître perlière, j'ai éveillé en moi la capacité alchimique de transformer le plomb psychologique en or spirituel... J'ai formé une magnifique perle de conscience, lumineuse, brillante, rayonnante... Avec ma conscience je reviens dans mon corps et je place la perle au centre de mon plexus solaire... A partir de cet écrin, son éclat et sa brillance vont rayonner à travers mes pensées, mes sentiments et mes actes... Dorénavant, je serai capable de transformer les grains de sable de mon existence en perles merveilleuses...

Reprise.

En pratiquant régulièrement cette technique, vous instaurerez en vous de façon permanente le processus alchimique de la transformation intérieure. En un rien de temps l'ombre deviendra lumière, la tristesse deviendra joie, la tension deviendra relaxation... L'alchimie intérieure, c'est la voie royale vers la libération !

LA MEDITATION DE SERVICE

Comme son nom l'indique la méditation de service est une méditation pendant laquelle nous nous mettons totalement au service de la lumière. Nous commençons par nous concentrer sur notre lumière intérieure, pour ensuite nous fusionner avec la lumière cosmique et enfin nous diffusons la lumière sur toute l'humanité, sans distinction de race ou de religion.

Je m'installe confortablement assis sur une chaise et je ferme les yeux... Je tourne mon regard vers l'intérieur des choses... Je porte maintenant mon attention vers ma respiration, j'inspire calmement, je retiens l'air quelques secondes, puis j'expire lentement et progressivement par mon nez... Sous l'effet de cette respiration tout s'apaise, tout se calme en moi... Et dans ce calme, c'est l'être de lumière qui peut grandir, peu à peu je deviens lumière... Je suis lumière... La lumière grandit, s'intensifie et déborde les limites de mon corps physique pour remplir mes corps subtils, mon aura... J'ai l'agréable sensation d'être lumière dans la lumière... Par la lumière je prends conscience de l'unité de tous les êtres... La lumière grandit encore plus, elle remplit maintenant toute la pièce, faisant de ce lieu un temple de lumière... La lumière s'intensifie encore et prend la forme d'une grande et magnifique pyramide de lumière... Un rayon de lumière plus intense descend du soleil sur le sommet de la pyramide et du sommet de la pyramide sur le sommet de ma tête... Ce rayon de lumière pénètre mon cœur et fusionne avec ma propre lumière... De mon cœur je diffuse un pur rayon de lumière vers toute l'humanité.. Je vais maintenir cette concentration pendant toute la durée de la méditation dans un pur service à la lumière... (Durée libre)

Reprise.

Je vous invite à pratiquer la méditation de service en groupe afin d'amplifier le phénomène, mais vous pouvez naturellement la pratiquer seul. Pour la pratique collective je vous encourage à former un groupe et à vous réunir régulièrement. A vous de trouver la bonne fréquence. En créant un foyer de lumière, vous devenez, d'un point de vue spirituel, des bienfaiteurs de l'humanité.

Les auteurs de cet ouvrage organisent des ateliers d'une journée, des stages d'une semaine ainsi que des cours privés sur le thème du développement personnel.

Pour tout renseignement :

André et Jacqueline Grobéty
Chemin d'Arche 41A
CH-1870 Monthey
Tél. et fax 024 472 24 56

Dans la même collection :

LA MAGIE DES CRISTAUX
D.TONOSSI

LES POINTS DE KNAP
L. CLERGEAUD

MASSAGE REFLEXE DES MAINS
M. FANDJO

MEDITATIONS CORPORELLES UNIFIANTES
S. RUDAZ

LE MONDE DES COULEURS POUR NOTRE SANTE
M. FANDJO

ACTIVER ET EQUILIBRER NOS CENTRES D'ENERGIE
LES CHAKRAS
F. BENET

GESTES SIMPLES
POUR VIVRE LE BIEN-ETRE AU QUOTIDIEN
F. BENET

BIODANZA®
la danse de la vie
P. ROULIN

LE MASSAGE REFLEXE VERTEBRAL
M. FANDJO

MEDITATIONS GUIDEES POUR VIVRE EN HARMONIE
D. TONOSSI ET F. BENET

LE MASSAGE INDIEN
K. VYAS

LA MEDECINE ORTHOMOLECULAIRE
Dr J. GARDAN

LA POLARITE POUR UN EQUILIBRE ENERGETIQUE
M. FANDJO

Dans la même collection :

SOINS ET EXERCICES POUR VIVRE SANS STRESS
M. FANDJO

LE REGIME CRETOIS
Dr J. GARDAN

LE MASSAGE THAÏLANDAIS
Ch. GALLOPPINI-BLANC

L'HERBORISTERIE AU QUOTIDIEN
P. DE BONNEVAL

LES METHODES DE PURIFICATION
F. BENET

LA MORPHOPSYCHOLOGIE
Dr J. GARDAN

MEDITATIONS GUIDEES POUR LES ENFANTS
F. BENET

PRIER... DEMANDER ET RECEVOIR
J. MORA

LA QUETE DU BONHEUR
par le développement personnel
D. ALTHAUS

MASSAGE TANAKA
Massage et souffle de vie
F. COURMONT

52 EXERCICES DE FLASH RELAXATION
P. FOSSE

Editions RECTO-VERSEAU - CP 12 - CH 1680 ROMONT
Tél. : ++41+26 652 45 44 - Fax : ++41+26 652 55 44
e-mail : info@recto-verseau.ch - Web : www.recto-verseau.ch